Marcel Proust

EDMUND WHITE

Marcel Proust

Traduction
de Corinne Durin
avec la collaboration
de Christiane Mayer

FIDES

*La traduction française des ouvrages de cette collection
est dirigée par Chantal Bouchard.*

A Lipper/Penguin Book
Cet ouvrage est publié dans le cadre d'un accord des Éditions Fides
avec Lipper Publications et Viking Penguin.

Données de catalogage avant publication (Canada)

White, Edmund, 1940-
Marcel Proust
(Collection Grandes figures, grandes signatures)
Traduction de : Marcel Proust
Comprend des réf. bibliogr.

ISBN 2-7621-2317-8

1. Proust, Marcel, 1871-1922.
2. Romanciers français – 20ᵉ siècle – Biographies.
I. Titre. II Collection.

PQ2631.R63Z98214 2001   843'.912   C2001-941250-9

First published in the United States under
the title *Marcel Proust* by Edmund White.
© Edmund White, 1999
Published by arrangement with Lipper Publications L.L.C.
and Viking Penguin, a division of Penguin Putnam USA Inc.
All rights reserved

Dépôt légal : 3ᵉ trimestre 2001
Bibliothèque nationale du Québec
© Éditions Fides, 2001, pour la traduction française

Les Éditions Fides remercient le ministère du Patrimoine canadien du soutien qui
leur est accordé dans le cadre du Programme d'aide au développement de l'industrie
de l'édition.

Les Éditions Fides remercient également le Conseil des Arts du Canada et la Société
de développement des entreprises culturelles du Québec (SODEC).

Les Éditions Fides bénéficient du Programme de crédit d'impôt pour l'édition de
livres du Gouvernement du Québec, géré par la SODEC.

Imprimé au Canada

En Angleterre, un sondage effectué auprès d'écrivains et de critiques a révélé que Marcel Proust est le romancier du xxᵉ siècle qu'ils admirent le plus; selon eux, c'est également lui qui exercera la plus forte influence sur la littérature du xxıᵉ siècle. La petite madeleine trempée dans le thé est assurément le symbole le plus célèbre de la littérature française. Des souvenirs font-ils surface chez l'un ou chez l'autre, l'on entend aussitôt parler d'«expérience proustienne». Les snobs, pour leur part, aiment à souligner que si les Proust avaient eu de meilleures manières à table, la littérature mondiale y aurait beaucoup perdu. Il est même courant d'entendre des gens parler de Proust sans l'avoir lu.

Bien entendu, le fait d'étudier son œuvre peut avoir un effet désastreux sur le jeune écrivain. S'il ne tombe pas sous l'emprise de son style hautement idiosyncratique, il aura l'impression que le traitement proustien de la forme romanesque est insurpassable. Walter Benjamin lui-même, le traducteur allemand de Proust, confia qu'il ne lirait de lui que ce qu'il fallait pour le traduire, pas un mot de plus, au risque d'en devenir dépendant et de mettre en péril sa production personnelle.

De l'avis de Graham Greene, « Proust est le plus grand romancier du XXe siècle, tout comme Tolstoï était celui du XIXe [...]. Pour ceux qui prennent la plume à la fin des années 1920 ou au début des années 1930, il y a deux maîtres : Proust et Freud, qui sont complémentaires. » La renommée de Proust a sans contredit éclipsé celle de bien des écrivains, dont Gide, Valéry et Genet, Joyce, Beckett et Virginia Woolf, Faulkner, Hemingway et Fitzgerald, Thomas Mann et Bertolt Brecht ; car si parmi eux certains jouissent d'une plus grande reconnaissance dans leur propre pays, Proust est le seul dont la réputation ne connaît aucune frontière. Huit ans avant de publier *Le danseur de Manhattan*, roman qui deviendrait un classique de la littérature gay américaine des années 1970, le jeune Andrew Holleran écrivit à un ami : « Robert, il s'est passé bien des choses, dont ceci : j'ai finalement terminé *À la recherche du temps perdu*, et je ne sais que dire — l'idée que Joyce ait signé la mort du roman est complètement absurde. C'est Proust qui l'a fait, tout simplement en créant quelque chose de si exhaustif, de si monumental, de si parfait, que… va voir ce qu'on peut faire après ça? »

Joyce vit Proust une fois, et quoiqu'ils partagèrent un taxi ils n'échangèrent pas un mot; aucun des deux n'avait lu l'autre. Beckett rédigea un petit ouvrage critique sur Proust. Virginia Woolf l'admirait tant qu'elle se sentait écrasée par son génie. Gide ne vit d'abord en Proust rien de plus qu'un chroniqueur mondain; à titre de fondateur des jeunes mais déjà prestigieuses éditions de la NRF, il refusa de publier *Du côté de chez Swann*, erreur de jugement qu'il regretta amèrement par la suite. Genet entreprit son premier roman, *Notre-Dame des Fleurs*, après avoir lu quelques pages de Proust. Il était en prison alors, et un jour qu'il était arrivé en retard pour l'échange hebdomadaire de livres, il n'en restait plus qu'un, dont personne ne voulait; c'était *À l'ombre des jeunes filles en fleurs*. Après en avoir lu les premières pages, il referma l'ouvrage, souhaitant en savourer chaque phrase, étirer le plaisir: «Maintenant, je suis tranquille, se dit-il, je sais que je vais aller de merveille en merveille. » Ainsi se mit-il à écrire, avec l'espoir de devenir le Proust des pauvres.

Proust ne fut cependant pas toujours aussi uniment apprécié, pas même par ses principaux défenseurs, lesquels étaient capables de commentaires narquois à son sujet. Robert de Montesquiou — dont Proust adorait imiter l'air hautain et les effets de voix, et qui servit de modèle au baron de Charlus — assimila l'œuvre de l'écrivain à « un mélange de litanies et de foutre », formule que ce dernier prit paradoxalement comme un compliment. Irrité que Proust n'ait jamais fait état de son homosexualité par écrit, ni jamais dépeint les attirances homosexuelles sous un jour favorable, Gide l'accusa d'avoir fait « offense à la vérité ». Lucien Daudet, jeune écrivain avec qui Proust eut une liaison — Proust était attiré par les jeunes artistes au regard sombre et portant moustache, pour tout dire, par ceux qui lui ressemblaient — dit de lui à Cocteau qu'il était « un insecte atroce ». « Marcel Proust, c'est le diable ! », alla jusqu'à déclarer Alphonse Daudet, le père de Lucien. Les sept tomes de la *Recherche* ayant mis dans l'ombre, voire complètement oblitéré la littérature des vingt années précédentes, la remarque ne nous étonne pas. Qui aujourd'hui lit encore Anatole France, Paul Bourget, Maurice Barrès ou même Alphonse Daudet ? Le très catholique Paul Claudel, pour sa part, qualifia Marcel de « vieille juive fardée ». Enfin, dans les années 1970 à New York, on voyait même des gens arborer un tee-shirt avec ce slogan : « Proust est une *Yenta* », mot yiddish qui signifie « commère » !

À ces insultes, dont bon nombre provenaient de personnes qui la moitié du temps adoraient Proust, vint couper court un numéro de la *Nouvelle Revue Française* entièrement consacré à l'écrivain. Paru en 1923, un an après son décès, le volume rassemble des photos du maître sur son lit de mort, des fragments inédits, des articles signés par des critiques français et étrangers, et enfin de touchants témoignages personnels. Anna de Noailles, elle-même un monument d'égocentrisme, loua la modestie de Proust. (Selon le duc de Gramont, si les aristocrates invitaient Proust à passer des week-ends à la campagne, ce n'était pas en vertu de ses talents littéraires, mais parce qu'Anna de Noailles et lui étaient les personnes les plus drôles de tout Paris.)

Tous ceux qui le connurent avaient un souvenir à partager. Jean Cocteau évoque sa voix : « Comme la voix des ventriloques sort du torse, on la sentait venir de l'âme. » Léon-Paul Fargue le décrit tel qu'il était à la fin de sa vie, « tout pâle, avec des cheveux jusqu'aux sourcils, une barbe bleue à force d'être noire qui lui mangeait la figure ». Il se rappelle les manches trop longues qui recouvraient des mains glacées, les yeux persans en forme d'amande. « Il avait l'air d'un homme qui ne vit plus à l'air et au jour, l'air d'un ermite qui n'est pas sorti depuis longtemps de son chêne, avec quelque chose d'angoissant sur le visage et comme l'expression d'un chagrin qui commence à s'adoucir. Il dégageait de la bonté amère… » Une aristocrate raconte que, jeune fille, elle lui fut présentée lors d'un bal ; le grand écrivain, « livide et barbu », enfoncé dans le col de son pardessus, la fixa avec une telle intensité qu'elle manqua s'évanouir de frayeur.

Le compositeur Reynaldo Hahn, ex-amant de Proust
et fidèle ami, relate leur promenade dans un jardin peu de
temps après leur rencontre. Proust s'arrêta devant des
rosiers et demanda à Hahn de continuer la promenade
sans lui. « Ayant fait le tour du château, écrit Hahn, je le
retrouvai à la même place, regardant fixement les roses.
La tête penchée, le visage grave, il clignait des yeux, les
sourcils légèrement froncés comme par un effort d'attention passionnée, et de sa main gauche il poussait obstiné-
ment entre ses lèvres le bout de sa petite moustache noire,
qu'il mordillait. [...] Que de fois j'ai observé Marcel en
ces moments mystérieux où il communiait totalement
avec la nature, avec l'art, avec la vie [...]. » Bien entendu,
Proust a lui-même évoqué cette scène, en précisant toutefois que la communion avec le moment présent ne
suffit pas à le ressusciter, que seule la mémoire soudaine
et involontaire, déclenchée par un événement imprévu
(tel celui de la madeleine), est apte à faire resurgir le passé
dans sa totalité.

La grande Colette, pour sa part, lorsqu'elle rencontre
Proust qui, comme elle, en est à ses débuts littéraires, se
forme une piètre opinion de lui. En écrivant *Claudine en
ménage*, elle va jusqu'à le qualifier de *youpin*, terme que son
mari plus courtois remplacera par *garçon*. Mais même
revu, le passage n'a rien de flatteur : « Chez la "mère Bar-
mann" je fus traquée, poliment, par un jeune et joli garçon

de lettres [...]. Il me compara — toujours mes cheveux courts ! — à Myrtocléia, à un jeune Hermès, à un amour de Prud'hon [...]. Mon petit complimenteur, excité par ses propres évocations, ne me lâchait plus [...]. Il me contemplait de ses yeux caressants, à longs cils... » En 1895 cependant, elle adresse une lettre à Proust dans laquelle elle reconnaît qu'il a saisi une vérité fondamentale : « Le mot n'est pas une représentation, mais une chose vivante, et beaucoup moins un signe mnémonique qu'une traduction picturale. »

L'irritation initiale de Colette s'explique peut-être par le fait que le complimenteur en question a déjà deviné sa bisexualité. En 1917, avec la parution de la *Recherche*, elle voit Proust sous un autre jour. Très malade, pesant moins de cinquante kilos, il sort rarement de sa chambre tapissée de liège. Il est devenu un martyr de l'art. Pendant la guerre, elle le croise au Ritz en compagnie de quelques amis, toujours vêtu de sa pelisse : « Il ne cessait de parler avec effort, d'être gai. Il gardait sur sa tête — à cause du froid et s'en excusant — son chapeau haut-de-forme, posé en arrière, et la mèche de cheveux en éventail couvrait ses sourcils. Un uniforme de gala quotidien, en somme, mais dérangé comme par un vent furieux qui, versant sur la nuque le chapeau, froissant le linge et les pans agités de la cravate, comblant d'une cendre noire les sillons de la joue, les cavités de l'orbite et la bouche haletante, eût pourchassé ce chancelant jeune homme, âgé de cinquante ans, jusque dans la mort. »

Ces quelques portraits laissent déjà entrevoir l'extraordinaire personnalité de Proust. Ses attentions le font passer pour un flatteur, alors qu'en réalité il n'accorde à l'amitié aucune valeur et voit dans la conversation la mort de l'esprit ; pour lui, seules la passion et la souffrance aiguisent le sens de l'observation, seul le mot écrit vaut quelque chose. Si Proust possède cette faculté de s'absorber tout entier dans la contemplation d'une rose — ou de quoi que ce soit d'autre, objet ou personne, qui capte son attention —, et s'il est un homme cultivé et avide de lectures, en revanche les idées abstraites l'attirent peu. Ce n'est pas un intellectuel, mais un homme suprêmement intelligent. Il s'intéresse aux fleurs, aux gens, aux tableaux, de préférence à la botanique, à la psychologie ou à l'esthétique. Il ne lira jamais Freud (et Freud ne lira jamais Proust). De compagnie fort divertissante, il dégage néanmoins quelque chose de mystique, sauf bien sûr lorsqu'il cède à un de ses fous rires apparemment sans fin qui le font paraître un peu dérangé à ceux qui ne le connaissent pas. Son charisme est tel que beaucoup le décrivent comme un homme de grande taille, alors qu'il mesure à peine plus de 1 m 65.

Marcel Proust est né d'un père chrétien et d'une mère juive. Quoique baptisé et confirmé, il ne sera jamais pratiquant. Empreint du sens du sacré mais ne possédant aucune foi en un Dieu personnel ni encore moins en un sauveur, il se rapproche en fait de l'athée mystique. Bien que la religion juive se transmette par la mère, Proust ne se considérera jamais juif et il sera même contrarié quand un journaliste le classera parmi les écrivains juifs. Son père lui conseillera un jour d'éviter un certain hôtel où les Juifs sont « trop nombreux », et Marcel lui-même ne se privera pas de caricaturer dans la *Recherche* les membres d'une famille juive, les Bloch. La France de cette époque compte peu de Juifs — 86 000 en 1872 — et les considère encore comme exotiques, voire « orientaux ». Dans un passage particulièrement offensant, Proust décrit ainsi l'entrée d'un Juif dans un salon : « Un Israélite faisant son entrée comme s'il sortait du fond du désert, le corps penché comme une hyène, la nuque obliquement inclinée et se répandant en grands "salams", contente parfaitement un goût d'orientalisme. »

Proust ne fait jamais allusion à ses origines dans son œuvre. On trouve cependant une référence voilée mais frappante au judaïsme dans *Jean Santeuil*, roman de jeunesse inachevé qui fut publié en 1952, 30 ans après sa mort. Le héros vient de se disputer avec ses parents et, plein de rage, il brise le verre vénitien que sa mère lui avait offert. Une fois qu'ils se sont réconciliés, il avoue son geste ; la réaction de sa mère l'étonne : « Il croyait qu'elle allait le gronder et lui rappeler le pire. Mais restant aussi douce, elle l'embrassa et lui dit à l'oreille : "Ce sera comme au temple le symbole de l'indestructible union." » Dans le contexte de cette relation mère-fils, l'allusion au rite juif orthodoxe qui consiste à briser un verre pour sceller l'union conjugale n'est rien moins que sidérante. Écrivant sur sa mère, Proust évoque d'ailleurs avec la même ambiguïté « les belles lignes de son visage juif, tout empreint de douceur chrétienne et de résignation janséniste, [qui] en faisaient Esther elle-même ». Notons l'allusion significative à l'héroïne de l'Ancien Testament (et de la pièce de Racine) qui garda secrète son identité juive jusqu'à ce qu'elle ait épousé le Roi Assuérus, ce qui lui permit de sauver son peuple. Tout à la fois catholique, dreyfusard et athée, Proust est lui-même une sorte d'Esther moderne.

Malgré les non-dits et les lapsus de Proust au sujet de la religion de sa mère, il serait injuste de conclure que ses préjugés sont particulièrement marqués, vu l'antisémitisme qui règne en France au tournant du siècle. Et pourtant son antisémitisme surprend, étant donné l'amour qu'il porte à sa mère et le culte presque religieux qu'il lui voue après sa mort. Par respect pour ses parents, Madame Proust est restée fidèle à leur religion, et Proust révère non seulement sa mère mais toute sa famille du côté maternel. Il regrettera profondément d'être trop malade pour aller au cimetière juif se recueillir sur leurs tombes et marquer chaque visite d'un caillou. Fait plus révélateur, bien qu'il cultive assidûment certaines amitiés aristocratiques, lorsqu'il doit choisir son camp dans l'affaire Dreyfus, il signe la pétition qui paraîtra dans le journal *L'Aurore* exigeant une révision du procès.

Cette affaire mérite qu'on s'y arrête un instant puisqu'elle divisa la France plusieurs années durant et eut son importance dans la vie — et dans l'œuvre — de Proust. Alfred Dreyfus (1859-1935) est juif, c'est un officier de l'armée française. En décembre 1894, le conseil de guerre l'accuse d'avoir livré des secrets militaires aux Allemands et le condamne à l'exil à perpétuité sur l'île du Diable. L'accusation repose sur un bordereau volé à l'ambassade d'Allemagne à Paris et sur un dossier secret que le ministre de la Guerre a remis au conseil. En 1896, le commandant Georges Picquart prouve que le bordereau n'est pas de Dreyfus mais d'un certain Marie Charles Esterházy. Ce dernier est toutefois acquitté, tandis que Picquart est arrêté. De nombreuses voix réclament qu'un nouveau procès soit accordé à Dreyfus. Le 13 janvier 1898, Émile Zola publie « J'accuse », lettre ouverte dans laquelle il critique l'état-major ; à son tour traduit en justice, il est trouvé coupable de diffamation et doit s'enfuir à Londres. En septembre 1898, le colonel Joseph Henry avoue avant de se suicider que la seule pièce à conviction du dossier secret est un faux. Le gouvernement finit par ordonner la révision du procès. L'opinion publique est farouchement divisée : les dreyfusards réclament « justice et vérité » tandis que les antidreyfusards mènent une campagne antisémite, défendent l'honneur de l'armée et s'opposent à la révision du procès. Le conflit menace de dégénérer en guerre civile. En 1899, Dreyfus est à nouveau jugé coupable, cette fois avec circonstances atténuantes, et il est gracié par le président de la République. Ce n'est qu'en 1906 qu'il se verra pleinement réhabilité et réintégré dans ses fonctions ; il recevra alors la Légion d'honneur. Fait intéressant, l'antisémitisme virulent qui entoure l'affaire Dreyfus frappe tellement Theodor Hertzl, correspondant à Paris pour un journal viennois, que germe en lui l'idée prophétique d'un État juif.

En se rangeant parmi les défenseurs de Dreyfus, non seulement Proust se met-il à dos les membres conservateurs, catholiques et promilitaires de l'aristocratie, mais il se brouille avec son propre père. Lorsqu'il décrit les années 1890 dans la *Recherche*, il note que « l'affaire Dreyfus allait précipiter les Juifs au dernier rang de l'échelle sociale ». En guise d'exemple des préjugés de l'époque, on peut lire dans les mémoires de l'ultraconservateur Gustave Schlumberger ce portrait insultant de son ami de longue date, Charles Haas, dont Proust s'inspirera pour créer Swann : « Le délicieux Charles Haas, le plus sympathique et le plus brillant des mondains, le plus excellent des amis, n'avait de Juif que l'origine, et n'était affligé, à ma connaissance, par une exception presque unique, d'aucun des défauts de sa race. »

Il serait erroné de croire que Proust choisit de défendre Dreyfus à cause de ses propres origines. Non, il ne fait qu'obéir à sa conscience, même si cela lui fait perdre plusieurs amis catholiques, et même s'il risque d'être accusé d'avoir pris, « naturellement », le parti de ses « semblables ».

Marcel Proust vient au monde le 10 juillet 1871, premier enfant d'une famille bourgeoise aisée. Sa mère, Jeanne Weil, est une jeune Parisienne de 21 ans, dont le père, Nathé, exerce le métier d'agent de change. Son grand-oncle, Adolphe Crémieux, aura des funérailles d'État en sa qualité de sénateur ; il est également le président de l'Alliance israélite universelle. La mère de Jeanne, Adèle, est une femme cultivée (tout comme la grand-mère du Narrateur dans la *Recherche*), qui apprécie par-dessus toute littérature les *Lettres* de Madame de Sévigné. Cette dernière, rappelons-le, entretenait avec sa fille des rapports quasi amoureux. Voilà justement le genre d'intimité qui caractérise la relation entre Marcel et sa mère. Pratiquement inséparables, ils se disputent souvent, la paresse et le manque de volonté de Marcel étant habituellement au cœur des disputes, mais se réconcilient très vite. Mère et fils ont en commun leur amour de la musique et de la littérature. Madame Proust parle et lit l'allemand ainsi que l'anglais. Dotée d'une mémoire phénoménale, elle récite de longs passages de Racine ; sur son lit de mort, elle cite encore La Fontaine : « Si vous n'êtes romain, soyez digne de l'être. »

Marcel aime lui aussi mémoriser des versets et connaît par cœur de longs extraits de Victor Hugo, de Racine et de Baudelaire. Plus significatif encore, lui et sa mère ont plaisir à se moquer, discrètement et sans méchanceté, de leur entourage. Dans ses lettres à son fils, Madame Proust croque les invités de l'établissement thermal ou de l'hôtel où elle se trouve avec le sens du détail et l'humour espiègle qui caractériseront les meilleures pages de Marcel.

Le père de Proust, Adrien, âgé de 35 ans au moment de la naissance de Marcel, vient d'un milieu beaucoup plus humble, ce qui ne l'empêchera pas d'atteindre la renommée en tant que médecin. Son père a été épicier à Illiers, village situé non loin de Chartres que Marcel mettra en scène sous le nom de Combray. Aujourd'hui officiellement appelé Illiers-Combray, c'est un lieu obligé de pèlerinage pour les Proustiens du monde entier. On trouve immanquablement des madeleines chez tous les pâtissiers de l'endroit, et la maison où Proust et sa famille passaient l'été est devenue un musée. Peut-être un jour, la vie cédant à la tyrannie de l'art, décidera-t-on même de laisser tomber le nom de « Illiers ».

Originellement destiné à la prêtrise, c'est plutôt dans la médecine qu'Adrien Proust trouve sa vocation. Pour stopper la propagation du choléra, il préconise l'établissement d'un cordon sanitaire en Europe. Afin de mettre ses principes en action, il se rend en Russie, en Turquie et en Perse en 1869 pour découvrir quelles routes ont empruntées les épidémies antérieures. En récompense de ses investigations fructueuses et de son efficace campagne d'hygiène, le docteur Proust est décoré de la Légion d'honneur. Il devient un praticien réputé et l'un des plus célèbres professeurs de médecine de son temps. Contrairement à Marcel qui sera gracile et asthmatique, qui aura un goût marqué pour les arts et un faible pour les femmes titrées, son père incarne le parfait bourgeois, barbu, bien en chair, solennel et, grâce à la fortune de sa femme, riche. Il est aussi, à l'insu de son fils, un tombeur invétéré. Si tant est qu'elle en ait connaissance, sa femme aura la discrétion de ne jamais faire mention de ses aventures.

Dans *Jean Santeuil*, ouvrage partiellement autobiographique que Marcel écrit du vivant de ses parents, il dépeint son père comme une brute qu'une vie remplie d'honneurs n'a pas réussi à débarrasser de ses manières paysannes. Plus tard, dans une lettre à son éditeur, Marcel dira que son père avait tenté de guérir l'efféminé et le névrosé qu'il était en l'envoyant au bordel. Toutefois, quand il entreprendra la rédaction de la *Recherche* après la mort de ses parents, il les idéalisera tous deux et présentera son père sous les traits d'un ministre d'état sage et complaisant.

Les mois qui précèdent la naissance de Proust sont marqués par la fin de la guerre franco-prussienne et la défaite de la France ; Napoléon III est chassé du trône. Paris vit un temps à l'heure de la Commune avant que soit proclamée la Troisième République. En cet hiver trouble, bois et charbon viennent rapidement à manquer, et les maisons sont sans chauffage. La population affamée est réduite à manger les chats, les chiens et même les animaux du zoo. Jeanne Proust, elle-même débilitée par la faim et l'inquiétude, met au monde un enfant malingre dont on doute au début qu'il survive.

À cet égard comme à tant d'autres, Marcel est à l'opposé de son frère Robert, né dans des temps plus calmes et plus prospères, le 24 mai 1873. Les deux frères seront de parfaits compagnons tout au long de leur vie, Robert le cadet, robuste et vigoureux, jouant souvent le rôle de protecteur auprès de l'aîné plus frêle. Comme son père, Robert deviendra médecin ; il partagera aussi son goût pour les femmes. Malgré les différences qui séparent les deux frères, aucune querelle ne viendra jamais assombrir la parfaite harmonie qui règne entre eux. Dans les années 1890, tous deux seront dreyfusards. À la fin de sa vie, Marcel sollicitera l'intervention de Robert pour obtenir la Légion d'honneur et insistera pour recevoir la décoration de ses mains. Son frère sera à son chevet quand il mourra, et c'est lui qui s'occupera de la publication des deux derniers volumes de son œuvre et d'une partie de sa correspondance.

Enfant, Marcel ne peut s'endormir sans un baiser de sa mère ; ce besoin va devenir un thème majeur de

« Combray », qui compose la première partie de la *Recher-che*. Naturellement, cette totale dépendance de son fils à son égard inquiète Jeanne, et elle tentera de l'en guérir en refusant d'obéir à ses « caprices ». Cependant, le refus d'un baiser ou d'un dixième « bonsoir » le met dans un tel état qu'elle cède habituellement, d'elle-même ou à la demande de son mari, plus porté à l'indulgence. Proust ne se défera jamais de cette dépendance ; c'est même sur ce mode qu'il vivra ses amours d'adulte car pour lui, la passion est un besoin lancinant qui devient d'autant plus tyrannique qu'il n'est pas satisfait. Tant dans la fiction que dans la vie, ses exigences déraisonnables feront fuir ceux qu'il aime.

CHAPITRE 2

C'EST DANS UN PARIS RÉCEMMENT transformé par le baron Haussmann, maître d'œuvre de l'ambitieux programme d'urbanisme lancé par Napoléon III, que va grandir Proust. De grands boulevards rayonnent désormais à partir de l'Arc de Triomphe et du rond-point des Champs-Élysées ; de nouvelles rues et avenues sont plantées d'arbres et bordées d'immeubles bourgeois de sept étages aux façades presque identiques. Les appartements qu'ils abritent sont immenses, pourvus de vastes salles de réception, de parquets lustrés, de plafonds ornés de stucs décoratifs, de cheminées de marbre blanc, de quartiers réservés aux domestiques et, enfin, de toutes les commodités modernes. Depuis la tendre enfance de Marcel, les Proust sont installés au 9, boulevard Malesherbes, où ils ont l'eau courante, l'éclairage au gaz, le chauffage central, des toilettes ainsi qu'une grande salle de bain. Un large escalier de marbre avec une balustrade en fer forgé mène aux appartements; il y a même un ascenseur. Le docteur Proust apprécie fort ce logis spacieux: un couloir de plus de douze mètres sépare la chambre des parents de celles des enfants. Son intérieur lui paraît hygiénique, moderne et confortable, qualités maîtresses à ses yeux.

Marcel, pour sa part, dira du salon familial qu'il était d'une laideur toute médicale. Voici en quels termes Fernand Gregh, un ami de jeunesse, décrit l'appartement des Proust: «L'impression que j'en ai gardée, et que je retrouve en fermant les yeux, est celle d'un intérieur assez obscur, bondé de meubles lourds, calfeutré de rideaux, étouffé de tapis, le tout noir et rouge, l'appartement type d'alors, qui n'était pas si éloigné que nous le croyions du sombre bric-à-brac balzacien.» Le logement compte sept pièces. Attenant au salon, il y a d'un côté le cabinet du docteur Proust, et de l'autre la chambre de Marcel, où flotte une tenace odeur d'eucalyptus à cause des fumigations qu'on lui prescrit pour son asthme.

Le Paris de Proust est celui des grands magasins, de l'Opéra Garnier avec ses arcades et ses statues, des kiosques à journaux, des colonnes Morris placardées d'affiches, des omnibus tirés par des chevaux, et des vespasiennes (qui servent parfois aussi de lieu de rencontre aux homosexuels). Jeune garçon, Marcel se précipite tous les matins vers la colonne Morris juste en face de chez lui pour voir s'il s'y annonce de nouveaux spectacles. Son Paris est celui des aristocrates qu'on aperçoit, le soir venu, dans leurs élégants équipages en route vers quelque bal ou dîner ; les dames arborent diamants et plumes d'autruche, les messieurs portent haut-de-forme et queue-de-pie. Lors de ces réceptions, la règle veut qu'il y ait au moins un valet de pied — mesurant obligatoirement plus de 1 m 75 — pour trois invités. (À cette époque, une famille bourgeoise même modeste emploie au moins un domestique. Les Proust, qui appartiennent à la haute bourgeoisie, gardent à demeure un valet, une femme de chambre et une cuisinière.) Chez les gens de la haute société, les quartiers privés sont rigoureusement séparés des pièces de réception. Les hommes font inscrire leur chiffre sur la bague de leurs cigares ; ils font laver et presser leurs chemises à Londres. Les riches vont à l'opéra, où souvent ils arrivent en retard et repartent avant la fin, restant juste assez longtemps pour voir et être vus, pour aller saluer leurs amis dans leur loge, et pour regarder le ballet (certaines danseuses sont entretenues par des membres du très sélect Jockey-Club). C'est le Paris du Bois de Boulogne, où les femmes de la société et du demi-monde se promènent en calèche le long des chemins soigneusement sablés et arrosés, tandis que cavaliers et promeneurs leur adressent au passage de galants signes de tête. La sortie au Bois est l'un des rares rites journaliers que tous observent. C'est le Paris des impression-

nistes, des jardins impeccablement entretenus où les enfants font rouler leur cerceau. C'est aussi le Paris de la tour
Eiffel, terminée en 1889 et qui suscite de vives critiques, des
gares au toit de métal et de verre, des spéculateurs qui
misent sur le prochain boom immobilier qu'entraînera la
démolition d'un autre quartier pauvre et densément peu-
plé. C'est le Paris des camelots qui annoncent à la ronde le
prix de leurs menus articles, celui des chariots de lait ou de
glace qui commencent leur circuit dès l'aube, celui des
photographes professionnels, des dandys dégustant des
huîtres dans les brasseries largement ouvertes sur la rue,
des grands fleuristes Lachaume et Lemaître, des grands
pâtissiers Rebattet et Bourbonneux, des grands cafés
comme le café Anglais, le café de la Paix, Weber, et Larue,
où Proust dînera souvent, généralement seul. Dans ce
Paris-là, les femmes qu'habillent les premiers couturiers
(Worth, Redfern) portent des tenues si extravagantes qu'on
les prendrait pour des créatures d'une autre espèce. C'est le
Paris enrichi par ses colonies orientales et africaines ; et si
le luxe s'y concentre, c'est que la métropole a mis le monde
en coupe réglée pour financer ses excès.

C'est également la France du mobilier massif et sans
goût, des gravures à l'effigie du prince Eugène, des pendu-
les sous cloche de verre trônant sur les cheminées, des fau-
teuils aux appuie-tête crochetés et des lits de cuivre où l'on
glisse des bouillottes. Dans *Jean Santeuil*, Proust décrit

amoureusement la maison de sa tante Léonie à Illiers (Élisabeth Amiot de son vrai nom). Il s'attarde à la lanterne magique qui, dans sa chambre d'enfant, projetait sur les murs un manège d'images de contes de fée. Il dépeint la salle à manger, sa table d'acajou, ses murs décorés d'assiettes de porcelaine, son horloge de parquet. Dans *Du côté de chez Swann*, l'écrivain présente ainsi la chambre de sa tante : « D'un côté de son lit était une grande commode jaune en bois de citronnier et une table qui tenait à la fois de l'officine et du maître-autel, où, au-dessous d'une statuette de la Vierge et d'une bouteille de Vichy-Célestins, on trouvait des livres de messe et des ordonnances de médicaments, tout ce qu'il fallait pour suivre de son lit les offices et son régime, pour ne manquer l'heure ni de la pepsine, ni des vêpres. » Toute sa vie, Proust restera fidèle au mobilier sans attrait qu'ont accumulé ses parents et sa famille. Aujourd'hui, une visite au Musée Carnavalet permet de voir sa chambre, préservée dans les moindres détails : la table de chevet abîmée sur laquelle s'empilent les cahiers d'écolier dans lesquels il écrivait, l'écran japonais défraîchi, le fauteuil râpé et le lit en cuivre. S'appuyant sur ce qu'il voit, le visiteur conviendra aisément avec George Painter, le biographe anglais de Proust, que « jusqu'à la fin de sa vie, Proust allait remplir ses appartements d'objets hideux mais sacrés qui lui parleraient de ses parents morts, de son enfance et du temps perdu. Il était venu au monde non pour "collectionner" la beauté toute faite, mais pour la créer ». Proust lui-même, reconnaissant qu'il était trop paresseux et indifférent pour s'occuper de son intérieur, déclara un jour qu'il avait le droit de n'apporter aucune nuance à ses appartements.

Peu d'anecdotes concernant la petite enfance de Marcel sont connues à part la terreur qu'il éprouva lorsqu'un homme (dans certaines versions, c'est un oncle, ailleurs, un curé) tira sur ses boucles. À neuf ans, il fait une chute et se casse le nez en jouant dans les jardins des Champs-Élysées. Dix ans plus tard, il y retrouve régulièrement ses compagnes de jeu favorites, Marie et Nelly de Benardaky, filles de l'ancien maître des cérémonies à la cour du Tsar. L'affection de Marcel pour Marie, qui épousera le prince Michel Radziwill, pourrait d'ailleurs lui avoir inspiré son premier amour romanesque, Gilberte Swann. De nos jours, les lecteurs des dernières pages du *Côté de chez Swann*, dans lesquelles le narrateur s'éprend de Gilberte, se demandent quel âge peuvent bien avoir ces enfants, vu leur flirt d'adultes, leurs ébats juvéniles et la surveillance constante de leurs gouvernantes. Ce sont en réalité des adolescents, âgés de 16 ou 17 ans, qui évoluent à une époque où l'adolescence n'a pas encore été inventée, où l'on passe directement de l'enfance à l'âge adulte : à peine une saison sépare le garçon en culottes courtes du jeune homme prenant maîtresse.

Ces jeunes filles qui peuplent l'adolescence de Proust et l'affection évidente qu'il porte à quelques-unes d'entre elles appellent un éclaircissement. Ce serait une erreur de penser que tous les personnages féminins de son œuvre masquent des hommes, quoique les garçons manqués qui chahutent sur la plage de Balbec ressemblent bien peu aux sages demoiselles bourgeoises de son temps. Il reste que l'écrivain a souvent recours à une stratégie de transposition lorsqu'il est question de ses amours : son chauffeur Alfred Agostinelli, avec qui il a une liaison, devient dans la *Recherche* Albertine, une jeune bourgeoise désinvolte, sensuelle et bien peu chaperonnée pour les mœurs de l'époque.

Mais la manipulation proustienne des identités sexuelles ne va pas sans demander un effort de déchiffrage ; comme on s'en aperçoit assez rapidement, certains des personnages féminins sont la quintessence de la féminité, telles Odette (nonobstant ses amours lesbiennes), la duchesse de Guermantes, ou encore l'actrice Berma, qui tient à la fois de Sarah Bernhardt et de Réjane, les deux grandes stars de l'époque avec qui Proust a fait connaissance. Et à l'opposé, d'autres sont manifestement des travestis, telles les laitières, porteuses, et autres « jeunes filles » avec lesquelles le narrateur a des rapports sexuels. Que penser d'un passage comme celui-ci par exemple :

De blanchisseuse, un dimanche, il ne fallait pas penser qu'il en vînt. Quant à la porteuse de pain, par une mauvaise chance, elle avait sonné pendant que Françoise n'était pas là, avait laissé ses flûtes dans la corbeille, sur le palier, et s'était sauvée. La fruitière ne viendrait que bien plus tard. Une fois, j'étais entré commander un fromage chez le crémier, et au milieu des petites employées j'en avais remarqué une, vraie extravagance blonde, haute de taille bien que puérile, et qui, au milieu des autres porteuses, semblait rêver, dans une attitude assez fière.

Il arrive que l'un de ces travestis ait une aventure lesbienne. C'est le cas d'Albertine, dont le Narrateur est follement épris et maladivement jaloux puisqu'il cherchera à découvrir l'identité de ses amantes même après sa mort. Étant donné le phénomène de transposition dont il vient d'être question, doit-on comprendre qu'Agostinelli, qui est principalement hétérosexuel, fréquente intimement des femmes? Selon ce qu'on rapporte, bien des bourgeois et aristocrates de l'époque ne s'inquiétaient pas outre mesure de ce que leur femme se lie à d'autres femmes; plus souvent qu'autrement, la chose semblait les titiller. La jalousie insensée du Narrateur lorsqu'il découvre les passades d'Albertine ferait-elle écho à la fureur qu'éprouve Proust lorsque ses amants bisexuels se tournent vers les femmes?

En 1881, Marcel fait sa première crise d'asthme au retour d'une promenade au Bois de Boulogne. Comme il l'écrira plus tard : « Un enfant qui depuis sa naissance respire sans y avoir jamais pris garde ne sait pas combien l'air qui gonfle si doucement sa poitrine qu'il ne le remarque même pas, est essentiel à la vie. » Si quelque fièvre cause chez ce même enfant une crise d'étouffement, poursuit-il, seulement alors commencera-t-il de lutter pour sa vie.

L'asthme joue un rôle décisif dans la vie de Proust. Traité en invalide depuis son plus jeune âge, il en vient lui-même à se considérer comme tel. À cause de l'asthme, il manque l'école pendant des mois, craint de voyager et doit régulièrement annuler les sorties qu'il a prévues avec ses amis. Il passe des jours au lit, parfois des semaines, bougeant le moins possible et respirant difficilement. L'asthme sera la cause indirecte de sa mort prématurée à l'âge de 51 ans. Proust révère la nature, mais sa maladie l'en tient à l'écart : il ne peut admirer les aubépines en fleurs que de l'intérieur d'une voiture fermée. Avec les années, son état s'aggrave ; il quitte rarement son lit. S'il sort, ce n'est qu'après minuit, quand la poussière de la journée est retombée. L'asthme le contraint à vivre en solitaire, mais lui offre aussi l'excuse parfaite pour décliner les invitations ou reporter les visites lorsqu'il souhaite travailler. Famille, amis et domestiques subissent la tyrannie de ses besoins, et parfois de ses caprices.

On a longtemps imputé l'asthme à des facteurs psychologiques, voyant dans la suffocation qu'il provoque le

symbole d'une strangulation psychique ou encore un besoin d'attention. Proust lui-même n'écarte pas complètement les explications de ce type, tout en réservant un
profond mépris au médecin de la *Recherche* qui annonce à
la grand-mère du Narrateur qu'elle souffre d'une maladie
imaginaire alors que son urémie non traitée entraînera une
attaque dont elle mourra. Au cours de sa vie, Proust subit
dix cautérisations nasales dans l'espoir de diminuer sa sensibilité au pollen, mais c'est peine perdue. Il faudra attendre la découverte de la cortisone, bien postérieure à la mort
de Proust, pour que les asthmatiques bénéficient de quelque soulagement. Bien que cette affection soit toujours incurable, on a récemment mis en lumière l'existence d'une
prédisposition génétique et le rôle que jouent les acariens
de la poussière dans le déclenchement des crises. Si
l'asthme ne découle pas de causes psychologiques, son
impact psychologique ne laisse par contre aucun doute,
comme en témoigne la vie de Proust.

Malgré son état de santé, Marcel va à l'école, même si ce
n'est qu'irrégulièrement. En 1882, un an après sa première
crise d'asthme, il entre au Lycée Condorcet, établissement
que fréquentent les enfants de l'élite parisienne, parmi lesquels le jeune Eiffel, Jacques Bizet, et son cousin, Daniel
Halévy. À l'âge de 17 ans, Marcel s'éprend de Bizet, qui
tolère ses attentions quelque temps mais finit par l'écon-
duire. Comme se le rappellera Halévy au sujet de Proust,

« il y avait en lui quelque chose que nous trouvions déplaisant. Sa gentillesse et ses attentions délicates ne nous apparaissaient que comme des manières et des poses, et nous cherchions un prétexte pour le lui dire en face. Pauvre, malheureux garçon, nous étions des brutes avec lui ! ». « Avec ses immenses yeux orientaux, son grand col blanc, et sa cravate flottante », il apparaît à Halévy comme « une sorte d'archange troublé et troublant ». Madame Proust, qui soupçonne une relation amoureuse, interdit à son fils de rester seul en compagnie de Bizet. Furieux, Marcel menace de passer tout son temps avec le jeune homme et de ne plus rentrer à la maison : « Je ferai d'un café notre domicile à deux », déclare-t-il. Par lettre, il met Bizet au courant de cette rupture forcée : « Pourquoi ? Vois-tu, je n'en sais rien. Et pour combien de temps ? Peut-être pour toujours, peut-être pour quelques jours. Pourquoi ? … Peut-être parce qu'elle redoute pour moi cette affection un peu excessive, n'est-ce pas ? et qui peut dégénérer (elle le croit peut-être) en… affection *sensuelle*… peut-être parce qu'elle suppose que tu as trop en général les mêmes défauts que moi (esprit indépendant, esprit désordonné ; peut-être même onanisme). » Quand Bizet rejette ses avances, Marcel lui répond : « Peut-être as-tu raison. Pourtant je trouve toujours triste de ne pas cueillir la fleur délicieuse, que bientôt nous ne pourrons plus cueillir. Car ce serait déjà le fruit… défendu. »

Marcel semble croire qu'à l'adolescence l'homosexualité est encore innocente, que c'est avec l'âge qu'elle devient
un vice. Dans une lettre à Halévy, dont Marcel cultive également l'amitié, il tente d'éclaircir ce point ; il y a des jeunes
gens qui s'aiment, explique-t-il, qui ne supportent pas
d'être loin l'un de l'autre, qui s'aiment pour leur chair, se
disent "chéri", s'écrivent des lettres passionnées « et qui
pour rien au monde ne feraient de pédérastie. Pourtant
généralement l'amour l'emporte et ils se masturbent ensemble. [...] Ce sont en somme des amoureux. Et je ne sais
pourquoi leur amour est plus malpropre que l'amour habituel ». On le voit, Proust confère au terme *pédérastie* un
sens bien précis ; pour parler d'homosexualité, il préférera
généralement le terme *inversion*. Dans l'autoportrait qu'il
adresse à Robert Dreyfus, membre lui aussi de la petite
clique, Marcel se décrit en ces termes : « Sous prétexte
d'aimer un camarade comme un père, il l'aime comme une
femme. » Par une tragique coïncidence, Bizet, son premier
amour, se suicidera une dizaine de jours avant qu'il meure.

Après sa déception amoureuse, Marcel reporte ses attentions sur la mère de Bizet, Geneviève Halévy. C'est son
père, Fromenthal Halévy, qui a composé l'opéra *La Juive*
auquel Proust fait plus d'une fois allusion dans la *Recherche*. Son oncle et son cousin ont signé plusieurs livrets
d'opéra et d'opérette, dont celui de *Carmen*. Son premier
mari est Georges Bizet. Dix ans après la mort de celui-ci à

l'âge de 37 ans, elle épouse Emile Straus, avocat des Roths-
child et grand collectionneur de Monets. Aux yeux de
Proust, Mme Straus incarne l'esprit des salons. Un soir
qu'elle est à l'opéra avec son ancien professeur de musique,
Charles Gounod, celui-ci lui fait remarquer qu'ils viennent
d'entendre un passage « parfaitement octogonal », et elle de
s'exclamer : « J'allais justement le dire ! » Invitée à un dîner
« intellectuel » au cours duquel les convives doivent se pro-
noncer sur la question de l'adultère, elle annonce distraite-
ment, pleine d'impertinence : « Je suis navrée, j'ai préparé
l'inceste par erreur. » Quand Dreyfus obtient sa libération
après des années de controverse, il est présenté à Mme
Straus qui lui dit : « J'ai beaucoup entendu parler de vous. »
La duchesse de Guermantes, sans doute l'un des personnages les plus mémorables que créera Proust, héritera de cet
extraordinaire sens de la répartie.

Bien que Marcel prétende tout d'abord être amoureux
de Mme Straus — ce que par vanité elle exige de tous ses
admirateurs —, il se contente bientôt d'une relation stric-
tement amicale qui comptera parmi les plus stimulantes et
les plus durables qu'il connaîtra. Leur correspondance sera
régulière, et c'est avec elle qu'il sera le plus prodigue de
détails sur ses projets littéraires, et parfois même sur ses
amours. S'il est rarement désintéressé lorsqu'il cultive l'affection de ses amis (lesquels pour la plupart n'ont pas l'in-
clination qu'il faudrait pour répondre à ses attentes),

Proust trouve une âme sœur en cette femme plus âgée, intelligente et loyale. Il est lui-même conscient du phénomène, comme l'illustrent les propos du Narrateur sur Robert de Saint-Loup, personnage qui, en reconnaissant son homosexualité, tourne le dos à ses amitiés masculines, « les hommes, depuis qu'ils étaient devenus susceptibles de lui donner des désirs, ne pouvant plus lui inspirer d'amitié ».

CHAPITRE 3

L E DÉSIR DE SÉDUIRE n'accapare cependant pas toutes les énergies du jeune Proust. Le Lycée Condorcet qu'il fréquente offre un programme stimulant qui initie les élèves au grec, au latin, aux lettres, aux sciences naturelles et à la philosophie. Sans se classer parmi les premiers, Marcel ne compte pas non plus parmi les derniers, et ce malgré ses fréquentes absences, sa nervosité qui le fait régulièrement s'excuser pour aller aux toilettes et son manque d'attention (en classe, il écrit des mots à ses camarades ; lors des excursions botaniques, il passe le temps en plaisanteries). Ses longues phrases, ses comparaisons improbables et son éloquence trop enjouée lui attirent déjà les taquineries de ses camarades.

Parmi tous les enseignants, c'est son professeur de philosophie qu'il préfère. Proche de Tolstoï, Alphonse Darlu adhère au spiritualisme plutôt qu'au christianisme. À une

époque où la plupart des intellectuels français sont épris de
positivisme et ne jurent que par la science, le progrès et
l'empirisme, Darlu défend la métaphysique, l'idéalisme et le
culte de la vérité. En dédicace à un de ses livres, Proust re-
connaîtra que Darlu est le maître qui l'a le plus influencé. Le
lecteur un tant soit peu sensibilisé à la dimension idéaliste de
la pensée proustienne la décèlera dans chaque phrase ou
presque de son œuvre. À la fin du *Côté de chez Swann* par
exemple, le Narrateur va aux Champs-Élysées retrouver
Gilberte, dont il est amoureux ; à son approche, elle lui lance
une balle, et Proust écrit : « Comme le philosophe idéaliste
dont le corps tient compte du monde extérieur à la réalité
duquel son intelligence ne croit pas, le même moi qui
m'avait fait la saluer avant que je l'eusse identifiée, s'empres-
sait de me faire saisir la balle qu'elle me tendait (comme si
elle était une camarade avec qui j'étais venu jouer, et non
une âme sœur que j'étais venu rejoindre) […]. » Proust
rejette le réalisme traditionnel d'un André Gide qui consiste
à accumuler les détails pour construire un personnage ou
une situation : seuls l'intéressent les détails qui traduisent
un enchantement poétique ou qui laissent entrevoir une
vérité générale. Chaque page de son chef-d'œuvre recèle de
ces « vérités générales », et elles contribuent pour une large
part au ton philosophique de l'ensemble. Voilà peut-être ce
qui explique que l'écrivain soit parvenu à traiter de sujets
même scandaleux sans trop heurter ses lecteurs.

Proust fait sienne la spiritualité non doctrinaire du professeur Darlu et la conservera jusqu'à sa mort. Quoiqu'il fasse rarement référence à Dieu dans ses écrits, il adopte tout naturellement une trajectoire qui mène du particulier au général, du concret à l'abstrait. Comme il l'explique à un ami en 1915 : « Si je n'ai pas la foi […], en revanche la préoccupation religieuse n'est jamais absente un jour de ma vie. » Il explique ensuite avoir tenté de réconforter un père endeuillé en lui disant qu'il reverrait peut-être un jour son fils, pour ajouter aussitôt : « Mais plus on est religieux, moins on ose aller dans l'affirmation, au-delà de ce qu'on croit ; or je ne nie rien, je crois à la possibilité de tout, les objections fondées sur l'existence du Mal, etc. me semblent absurdes, puisque la Souffrance seule me semble avoir fait et continue à faire de l'homme un peu plus qu'une brute. Mais de là à la certitude, même à l'Espérance, il y a un long trajet. Je ne l'ai pas encore franchi. Le franchirai-je jamais ? »

Si, comme l'a déclaré Camus, les Américains sont les seuls écrivains qui ne se croient pas obligés d'être des intellectuels, leurs homologues européens semblent pour leur part se faire un devoir d'adopter une posture philosophique. Et parmi eux, Proust est le romancier philosophe par excellence ; seuls rivalisent avec lui George Eliot (qu'il admire) et les germanophones Thomas Mann, Hermann Broch et Robert Musil, dont il n'aura pas l'occasion de découvrir les œuvres. Notons qu'il se considère lui-même comme un penseur : « Je désire beaucoup terminer l'ouvrage commencé, écrira-t-il à un ami, et y déposer des vérités dont je sais que beaucoup se nourrissent et qui sans cela seront détruites avec moi. » Mais tout philosophe qu'il est, son expérience des grandes vérités repose davantage sur les sens et la mémoire que sur l'intellect.

En 1886, Proust répond à un questionnaire qu'une camarade a trouvé dans un album anglais. Ses compositeurs préférés : Mozart et Gounod. Son idée du bonheur : « Vivre près de tous ceux que j'aime avec les charmes de la nature, une quantité de livres et de partitions, et pas loin un théâtre français » ; à l'opposé : « être séparé de maman » le mettrait au comble du malheur. À la question *Pour quelle faute avez-vous le plus d'indulgence ?*, il répond : « Pour la vie privée des génies. » À l'automne de cette même année, Marcel fait un dernier séjour à Illiers. Son asthme ne lui permettra plus les sorties à la campagne, mais le village, l'église, le jardin de sa tante, les voisins, la cuisinière, le petit cabinet qui sent l'iris et où il a éprouvé ses premiers plaisirs sexuels seront parfaitement préservés dans l'ambre translucide de sa mémoire.

Autour de sa dix-septième année, Proust tente de combattre ses attirances homosexuelles. Dans une lettre à Daniel Halévy, il écrit : « Ne me traite pas de pédéraste, cela me fait de la peine. Moralement, je tâche, ne fût-ce que par élégance, de rester pur. »

Il entreprend simultanément de faire la cour à Laure Hayman, qui est la maîtresse de son grand-oncle mais aussi celle de son père, ce qu'il ne sait pas encore. En écrivant *À la recherche du temps perdu*, il calquera sur elle le personnage d'Odette, la « grande cocotte » dont Charles Swann est amoureux et qu'il finit par épouser. Marcel découvrira seulement après la mort de son père que celui-ci entretenait avec Laure des rapports plus qu'amicaux. La nouvelle l'étonnera peu, à vrai dire, car le docteur Proust ne manque jamais une occasion de citer l'élégance, le tact et la beauté de Madame Hayman. Le jeune Marcel la courtise donc lui aussi — très platoniquement toutefois ; un jour, dans un élan d'ardeur, il va jusqu'à déclarer : « Nous vivons dans le siècle de Laure Hayman. » Il faut reconnaître qu'il s'agit d'une femme peu ordinaire. Née sur un ranch dans les Andes, elle est la descendante du peintre anglais Francis Hayman, cofondateur de l'Académie royale de Londres et maître de Gainsborough. Elle a eu successivement pour amant le duc d'Orléans, le roi de Grèce, le prétendant au trône de Serbie, Karageorgévitch, le prince Karl Egon von Fürstenberg, le banquier Bischoffsheim, et enfin un jeune et joli secrétaire de l'ambassade de Grande-Bretagne à Paris. Elle habite rue La Pérouse, tout près de l'Arc de Triomphe. C'est là également que Proust installera Odette.

Tout comme le personnage de Léa que Colette met en scène dans *Chéri*, Laure approche la quarantaine quand elle rencontre Marcel, âgé de 17 ans. Comme Léa aussi, c'est une femme à la fois pratique et romantique, dont les amours ont assuré la fortune et qui possède de fabuleuses perles. Mais alors que Chéri devient l'amant choyé de Léa, Proust n'est pour Laure qu'une babiole à ajouter à sa collection de porcelaines de saxe : elle aime l'appeler « mon petit saxe psychologique ». Comme Odette dans la *Recherche*, Laure fait de fréquentes promenades au Bois de Boulogne, à pied ou à cheval, et ses fleurs préférées sont les chrysanthèmes ; Proust lui en offre d'ailleurs plus souvent qu'il ne peut se le permettre, et Laure finit par alerter son père de ses extravagances. Contrairement à Odette, que la mère du Narrateur est trop respectable pour rencontrer, Laure Hayman est fréquemment invitée à dîner chez les Proust.

Durant sa dernière année au Lycée Condorcet, Marcel fonde avec son petit groupe d'amis deux magazines littéraires, *La Revue verte* puis *La Revue lilas*. Dans cette dernière, il publie un portrait de Glaukos, un Grec de l'Antiquité : « Aujourd'hui son cœur est calmé, écrit-il. Mais il a beaucoup d'amis et de quelques-uns il est infiniment aimé [...]. Souvent assis sur les genoux nerveux de l'un d'eux, la joue contre sa joue, le corps tapi dans son corps, il disserte avec lui sur la philosophie d'Aristotelès et les poèmes d'Euripidès, tous deux s'embrassent et se caressent en disant des choses élégantes et sages. »

Les critiques sévères qu'il écrit en marge d'un poème signé par son camarade Daniel Halévy révèlent combien l'indiffère le style décadent alors au goût du jour. Épris des classiques, Proust valorise la sincérité absolue et rejette toute pose littéraire. En dépit de son jeune âge, il sait déjà qu'il prendra la vérité pour guide et pour maître. Cette quête opiniâtre du vrai — mais également l'ampleur de ses phrases, le nombre de ses comparaisons et son acharnement à tirer de toutes choses la substantifique moelle — font paraître son écriture surannée à ses contemporains alors qu'elle nous semble éternellement fraîche. La plupart des bons écrivains de la génération de Proust, André Gide et Paul Claudel par exemple, sont presque des minimalistes. Mais avec le temps, vogues et engouements tombent dans l'oubli; le lecteur d'aujourd'hui se tourne vers les Grands, tout comme l'amateur de musique apprécie Bach, peu importe que ses compositions aient autrefois été jugées démodées et d'une polyphonie lassante.

Après avoir passé le baccalauréat, Proust s'engage le 11 novembre 1889 pour un an de régiment, volontariat qui lui évite les trois ans de service obligatoire. Quatre jours plus tard, il est envoyé à Orléans. Une photo de cette période montre le jeune militaire flottant dans sa capote serrée à la taille, les poings fermés, les yeux brillants sous un shako trop grand pour lui, portant une fine moustache et une encore plus fine impériale. Quoique quinze ans plus tard il

évoquera avec délice son expérience de soldat, un « paradis »
dira-t-il, pour l'heure il se plaint amèrement à sa mère, qui
tente de le réconforter par lettres : « J'ai pensé à un procédé
pour t'abréger le temps, écrit-elle. Prends onze tablettes de
chocolat que tu aimes beaucoup, dis-toi que tu ne veux en
manger une que le dernier jour de chaque mois — tu seras
tout étonné de les voir filer — et l'exil avec. »

L'aspect paradisiaque de la vie militaire apparaît dans le
long chapitre du *Côté de Guermantes* consacré à Doncières
(Orléans), où le Narrateur rend visite au séduisant Robert de
Saint-Loup, un jeune aristocrate aux vues égalitaristes qui se
rangera dans le camp des dreyfusards. Si le héros de tout
roman autobiographique révèle des vérités sur son propre
compte, il n'en accorde pas moins une place à ses fantasmes.
Or, dans ce chapitre, c'est incontestablement la part de fantasmes qui l'emporte. Non seulement la visite du Narrateur
honore-t-elle Saint-Loup, mais sa brillante conversation lui
vaut l'admiration de tous les camarades de garnison de son
hôte. Le Narrateur, convaincu d'être amoureux de la duchesse de Guermantes — une hautaine aristocrate qui a l'âge
de sa mère et avec laquelle il n'a jamais échangé un mot —,
vient officiellement à Doncières pour persuader Saint-Loup,
le neveu de la duchesse, de les présenter. En réalité, sa mission lui fournit l'excuse parfaite pour passer du temps en
agréable compagnie, parmi de jeunes gens qui en plus d'admirer son génie, le chouchoutent comme un adorable enfant.

Comme il est interdit aux civils de dormir dans le quartier des soldats, Saint-Loup suggère d'abord un hôtel au Narrateur mais, se rendant vite compte que celui-ci est angoissé à l'idée de passer la nuit seul, il va s'entretenir avec son capitaine dans l'espoir d'obtenir un passe-droit. Puis, Saint-Loup rejoint son ami, qui se désole de ne pouvoir rester où il est :

> — Ah ! Robert, qu'on est bien chez vous, lui dis-je ; comme il serait bon qu'il fût permis d'y dîner et d'y coucher !
> [...]
> — Ah ! vous aimeriez mieux coucher ici près de moi que de partir seul à l'hôtel, me dit Saint-Loup en riant.
> — Oh ! Robert, vous êtes cruel de prendre cela avec ironie, lui dis-je, puisque vous savez que c'est impossible et que je vais tant souffrir là-bas.
> — Hé bien ! vous me flattez, me dit-il, car j'ai justement eu, de moi-même, cette idée que vous aimeriez mieux rester ici ce soir. Et c'est précisément cela que j'étais allé demandé au capitaine.
> — Et il a permis ? m'écriai-je.
> — Sans aucune difficulté.
> — Oh ! je l'adore !
> — Non, c'est trop. Maintenant laissez-moi appeler mon ordonnance pour qu'il s'occupe de notre dîner, ajouta-t-il, pendant que je me détournais pour cacher mes larmes.

Cette scène si peu empreinte de stoïcisme militaire est parfaitement improbable, mais elle révèle très certainement la façon dont Proust souhaitait être traité par ses amis hétérosexuels. Pas étonnant que l'amitié le déçoive si souvent.

En janvier 1890, sa grand-mère maternelle meurt. L'automne suivant, son service militaire terminé, Proust s'inscrit à la faculté de droit et à Sciences-Po, l'École libre des sciences politiques. Il passe le mois de septembre à Cabourg, élégante station balnéaire de la côte normande qu'il rendra célèbre sous le nom de Balbec. C'est peu après son arrivée à Balbec que le Narrateur de *Sodome et Gomorrhe*, épuisé du long voyage en train, se rappelle soudain que sa grand-mère l'a un jour aidé à se déchausser dans des circonstances semblables. Il fond en larmes, capable enfin de pleurer sa mort :

> Je venais d'apercevoir, dans ma mémoire, penché sur ma fatigue, le visage tendre, préoccupé et déçu de ma grand'mère, telle qu'elle avait été ce premier soir d'arrivée ; le visage de ma grand'mère, non pas de celle que je m'étais étonné et reproché de si peu regretter et qui n'avait d'elle que le nom, mais de ma grand'mère véritable dont, pour la première fois depuis les Champs-Élysées où elle avait eu son attaque, je retrouvais dans un souvenir involontaire et complet la réalité vivante.

Pour Proust, la mémoire n'est pas un vase dont le contenu est accessible à volonté. Non, le cœur a ses intermittences, et les souvenirs ne reviennent avec toute leur force que par accident ; indépendamment de notre volonté, une saveur, une odeur ou une sensation en déclenchera le retour. Cette notion de mémoire involontaire constitue la pierre angulaire de la *Recherche*, l'un des fondements de l'architecture littéraire proustienne.

Les trois années que Marcel consacre à l'étude du droit et des sciences politiques, outre qu'elles lui permettent d'acquérir des connaissances dans ces domaines, le mettent en contact avec leur vocabulaire et la casuistique propre à leur discours, outils précieux pour un écrivain. D'aucuns n'hésiteraient pas à décrire Proust comme un invalide obsédé par sa santé, doublé d'un snob avide de mondanités, mais une telle caricature passe sous silence la vaste fresque sociale qu'il a su peindre dans son œuvre. Comme Balzac, lecteur insatiable et dont il suit l'exemple, Proust pénètre l'univers de l'armée ou du corps diplomatique avec autant de facilité qu'il décrit un salon, une maison de passe ou sa propre chambre.

À Sciences-Po, il suit le cours de diplomatie du célèbre Albert Sorel, qui lui inspirera le personnage de Monsieur de Norpois, prototype de l'homme d'état fuyant que tant d'écrivains eux-mêmes diplomates — tels Stendhal, Chateaubriand et Gobineau — ont cherché à saisir, sans jamais y parvenir avec la verve de Proust. Un épisode bien connu du *Côté de Guermantes* met en scène Bloch, qui tente de faire dire à Monsieur de Norpois quelle est sa position (et celle du gouvernement) dans l'affaire Dreyfus. Pendant une bonne dizaine de pages, Norpois esquive adroitement la question en noyant son interlocuteur dans un flot de paroles. Le Narrateur, qui se demande pourquoi le politicien est si élusif, avance parmi d'autres hypothèses celle-ci : « Les maximes de sa sagesse politique ne s'appliquant qu'à des questions de forme, de procédé, d'opportunité, elles étaient aussi impuissantes à résoudre les questions de fond qu'en philosophie la pure logique l'est à trancher les questions d'existence [...]. »

C'est tandis qu'il fréquente Sciences-Po que Proust entreprend son extraordinaire conquête du Paris des aristocrates et des artistes. En 1891, il rencontre Oscar Wilde, alors au sommet de sa gloire et qui fait sensation chez Mallarmé ; sa maîtrise du français est telle qu'il écrit même une pièce dans cette langue, *Salomé* (dont Richard Strauss tirera le livret de son opéra). Proust, alors âgé de 20 ans, aurait invité l'homme d'esprit poudré et parfumé à dîner chez ses parents. La petite histoire veut qu'après un simple coup d'œil au mobilier, l'Irlandais soit reparti en déclarant : « Comme c'est laid chez vous. » Malgré la brièveté de la rencontre (sans parler de son caractère apocryphe), le procès et la condamnation de Wilde pour mœurs homosexuelles marqueront Proust. Dans les pages de *Sodome et Gomorrhe* qu'il consacrera à la race des « hommes-femmes », il fera sans grande sympathie allusion à la tragique déchéance de cet homme, tout en mesurant l'importance historique de son destin.

Presque aussi déterminant pour les homosexuels de cette époque fut le cas du prince Philip von Eulenburg (1847-1921), grand ami de Guillaume II d'Allemagne et ancien ambassadeur à Vienne. En 1906, il est accusé d'homosexualité après avoir été dénoncé pour atteinte aux mœurs par un journaliste opposé aux idées pacifistes de l'entourage de l'empereur. Ce dernier retire aussitôt son soutien à l'ami compromis qui, malgré plusieurs procès, ne réussira jamais à racheter sa réputation. Quoiqu'en Allemagne le terme *homosexuel* ait fait partie du vocabulaire médical depuis 1869, Proust note que c'est à la suite de ce scandale qu'il fait son apparition en français. Jusque-là, le terme en usage était *inverti*, ou l'argotique *tante* que l'on trouve chez Balzac.

Proust fraye aussi avec des homosexuels de son âge. À preuve, en 1892, il se fait photographier en compagnie du futur marquis de Flers, qui composera des livrets d'opéra et des comédies à succès, et de Lucien Daudet, fils de l'auteur des *Lettres de mon moulin*. Plus tard, le jeune Lucien s'attachera au service de l'ex-impératrice Eugénie. D'abord exilée en Angleterre, elle recevra après la mort de son mari et de son fils la permission de s'établir à Biarritz, près de la frontière de son Espagne natale, où elle finira ses jours. Lucien sera alors le plus fidèle courtisan de sa triste cour fantôme, et il écrira plusieurs livres sur elle.

Si Madame Proust entretient encore des doutes au sujet de l'homosexualité de son fils, ils sont vite dissipés lorsqu'elle voit la photo des trois amis. Élégamment vêtu, une fleur à la boutonnière, Marcel est flanqué de Flers, très mode avec sa lavallière et sa jaquette cintrée, et de Lucien Daudet, qui le regarde avec ravissement, une main posée sur son épaule, l'autre suspendue à hauteur de poitrine comme s'il venait de pincer la corde d'une harpe invisible. À la même époque, Jules Renard fait ce portrait de Lucien : « Un beau jeune homme frisé, lingé, pommadé, peint et poudré » qui parle « avec une petite voix de poche de gilet ». Même Alphonse Daudet, son père, lui trouve des excès de raffinement. Dans *Jean Santeuil*, la querelle qui oppose le protagoniste à ses parents et qui aboutit au bris du vase vénitien est justement déclenchée par l'horreur que Madame Proust a ressentie en voyant cette même photo, qu'elle interdit alors à son fils de laisser circuler. Elle avait dû préciser que lui déplaisaient entre autres la face poudrée de Lucien et la couleur criarde de sa cravate car Marcel lui écrira : « Je pense qu'il n'y a rien de mal à être photographié avec Robert de Flers, et si Lucien Daudet peut avoir des cravates un peu vives ou un teint un peu blanc c'est un inconvénient qui disparaît en photographie, qui ne rend pas les couleurs. »

Dans une deuxième lettre, écrite à minuit le 4 novembre 1896 et qu'il glisse sous la porte de sa mère, Proust se pliera à sa demande : « Le mieux sera que ce soit moi qui prenne toutes les épreuves, je leur en donnerai une à chacun et te donnerai les autres : comme cela elles ne seront pas dans la circulation (puisque tu trouves dans tout cela quelque chose que je ne puis comprendre). »

En même temps qu'il désire avoir des relations physiques avec d'autres jeunes gens, Proust veut à tout prix éviter de se faire cataloguer comme homosexuel. Des années plus tard, il dira à André Gide que l'on peut écrire sur l'homosexualité pourvu qu'on n'en parle pas à la première personne. Ce conseil littéraire est en accord avec sa volonté de garder secret ce pan de sa vie, secret de polichinelle car tout son entourage connaît ses penchants.

Peu à peu, Marcel commence à circuler dans la haute société, ce qui ne va pas sans étonner ni secrètement ravir ses parents, peu habitués à voir réunis à leur table ducs et duchesses, peintres en vogue et actrices de renom. Bien qu'il se refuse à prendre des notes et à reproduire servilement ce qu'il observe, le jeune homme sait déjà imiter de façon hilarante ses nouvelles relations, talent vaudevillesque qui lui sera précieux au moment de créer sa galerie de personnages excentriques : le baron de Charlus, Madame Verdurin, le duc de Guermantes et Françoise la bonne, qui ont chacun leur parler distinctif, parfois caricatural.

Ce même talent pour l'imitation, Proust le déploie dans les pastiches, genre qu'il affectionne dans les bons jours ; dans les mauvais, ce qu'il qualifie de « critique littéraire en action » lui paraît un « exercice imbécile ». Parvenu tôt à maîtriser l'art d'écrire « à la manière de », il s'y adonnera régulièrement jusqu'à la fin de sa vie et colligera ses textes en 1919. À noter qu'il évite certains auteurs, tels Mérimée et Voltaire, dont le style simple et direct se prête mal à la parodie (tout comme les *drag-queens* trouvent peu inspirante la sobriété d'une Audrey Hepburn à côté de l'artificialité d'une Mae West ou d'une Barbra Streisand). Proust prendra un plaisir particulier à imiter les écrivains auxquels il voue la plus grande admiration, notamment Balzac et Flaubert, l'exercice lui permettant de consciemment maîtriser l'influence qu'ils exercent sur lui, de l'exorciser en quelque sorte : « Faire un pastiche volontaire, pour pouvoir après cela, redevenir original, ne pas faire toute sa vie du pastiche involontaire. » Longtemps après avoir pastiché Flaubert, Proust éprouvera à nouveau le besoin de se pencher sur son style, mais cette fois sous la forme d'un article critique ; comme il l'explique : « Notre esprit n'est jamais satisfait s'il n'a pu donner une claire analyse de ce qu'il avait d'abord inconsciemment produit, ou une recréation vivante de ce qu'il avait d'abord patiemment analysé. »

Outre ses dons d'imitateur (qui en exaspèrent certains), Proust possède de toute évidence l'art de s'insinuer dans les bonnes grâces d'autrui, puisque bien avant de publier quoi que ce soit de substantiel, il parvient déjà à attirer certaines des personnalités les plus courues de son temps, dont Anatole France et Maurice Barrès. Encore dans la jeune vingtaine, Marcel est admis chez la princesse Mathilde, nièce de Napoléon. Cette femme d'un âge vénérable a non seulement survécu à un mariage malheureux avec le prince Demidoff, un psychopathe, neveu du tsar Nicolas Ier, mais elle a également enterré presque tous les membres de sa coterie littéraire : Dumas fils, auteur de *La dame aux camélias* ; Flaubert, qu'on a dit l'amant de la princesse ; Mérimée, à qui l'on doit entre autres nouvelles celle de *Carmen* ; l'historien Hippolyte Taine ; le critique Sainte-Beuve, dont Proust s'appliquera à démolir la méthode ; et enfin les plus célèbres chroniqueurs du XIXe siècle, Edmond et Jules Goncourt. À l'arrivée de Proust, Edmond est le survivant le plus illustre de ce salon (son *Journal* fera d'ailleurs l'objet d'un pastiche dans *À la recherche du temps perdu*). C'est malgré tout avec un vif bonheur que Proust pénètre dans l'entourage de la princesse Mathilde, figure légendaire aussi bien dans l'histoire des dynasties que dans celle des lettres ; comme on pouvait s'y attendre, la princesse aura sa place dans la *Recherche*, et y conservera même son nom.

On entend souvent dire que Proust a été profondément marqué par sa rencontre avec le plus important philosophe français du tournant du siècle, Henri Bergson. Mais bien qu'en 1892 ce dernier épouse la cousine de Marcel, Louise Neuburger, ce n'est qu'après la Première Guerre mondiale que les deux hommes auront leur première et leur seule conversation soutenue ; cet entretien, dont on trouve un écho dans *Sodome et Gomorrhe*, portera sur la nature du sommeil. Bergson souscrit grosso modo à la théorie freudienne selon laquelle les rêves ont pour fonction de trouver une explication aux conflits intérieurs et aux stimuli extérieurs susceptibles de troubler le sommeil. Proust conçoit plutôt le rêve comme une province autonome, qui dispose de son propre système temporel. À ses yeux, le défi du réveil consiste précisément à introduire le système temporel du rêve dans celui, radicalement différent, de l'état de veille. La question des effets des narcotiques sur la mémoire divisera également les deux hommes. Alors que Bergson croit ces effets inexistants, Proust estime que les narcotiques peuvent faire oublier certaines considérations pratiques (le devoir de répondre à une invitation, par exemple), sans oblitérer les pensées élevées (les pensées philosophiques, par exemple). Quoiqu'ils aient par ailleurs des objets communs de réflexion — l'« élan vital », le temps, le rire, la perception de l'espace et de la mémoire —, Bergson ne semble pas prendre très au sérieux ce jeune homme qui s'intéresse tant au *monde*.

Que de fois sa réputation de mondain nuira à Proust ! Il est vrai que la majorité de ses amis, et il en compte alors des dizaines, sont riches, titrés ou talentueux. Il est vrai également qu'il passe pour un snob. De l'avis de Cocteau :

« Proust ne se gêne pas pour juger les gens du monde et les accuser de bêtise. Il les trouve bêtes mais supérieurs, ce qui est le véritable fond du snobisme. » Mais comme nous le révèle la *Recherche*, un nom noble évoquait dans son esprit jeune et naïf une parcelle d'histoire encore vivante, c'était pour lui l'incarnation moderne d'une légende médiévale. Lorsque le Narrateur voit la duchesse de Guermantes pour la première fois, à l'église de Combray, elle est agenouillée dans la chapelle de Gilbert le Mauvais, réservée aux membres de sa famille : « Ma déception était grande, rapporte-t-il alors. Elle provenait de ce que je n'avais jamais pris garde, quand je pensais à Mme de Guermantes, que je me la représentais avec les couleurs d'une tapisserie ou d'un vitrail, dans un autre siècle, d'une autre manière que le reste des personnes vivantes. Jamais je ne m'étais avisé qu'elle pouvait avoir une figure rouge, une cravate mauve comme Mme Sazerat [...]. » Avec le temps, il apprend à goûter les grâces de sa conversation tour à tour raffinée, prosaïque, spirituelle ou d'un cérémonial exquis, car la duchesse est un véritable reliquaire de cet art français entre tous. Mais jamais il ne parvient tout à fait à se débarrasser de son admiration chevaleresque : « Je savais très bien que pour nombre de gens intelligents elle n'était pas autre chose qu'une dame quelconque, le nom de duchesse de Guermantes ne signifiant rien maintenant qu'il n'y a plus de duchés ni de principautés ; mais j'avais adopté un autre point de vue dans ma façon de jouir des êtres et des pays. Tous les châteaux des terres dont elle était duchesse, princesse, vicomtesse, cette dame en fourrures bravant le mauvais temps me semblait les porter avec elle, comme les personnages sculptés au linteau d'un portail tiennent dans leur main la cathédrale qu'ils ont construite, ou la cité qu'ils ont défendue. »

Il ne fait aucun doute qu'à ses débuts dans le monde, Proust était un snob. Il deviendra pourtant l'un des plus pénétrants critiques du snobisme que la terre ait jamais porté. Il montrera au grand jour l'inanité de ses victoires, l'évanescence de ses conquêtes, mais plus encore la suffisance, la cruauté, l'insécurité, l'affectation — et le snobisme ! — des membres les plus admirés de la société. Ceux et celles dont il s'inspirera pour créer ses personnages trouveront souvent leur portrait accablant. La comtesse de Chévigné, l'un des modèles de la duchesse de Guermantes, sera suffisamment offusquée à la lecture du *Côté de Guermantes* pour mettre fin à une amitié de 25 ans et brûler les nombreuses lettres de Proust, cruelle vengeance à prendre sur un écrivain.

Le peintre mondain Jacques-Émile Blanche, pour qui Proust pose en 1892, laisse une description inoubliable de cet être qui, à un jeune âge déjà, effrayait ses camarades en les prenant par la main et en leur déclarant son besoin de les posséder avec toute la force d'un tyran : « Il feignait déjà d'attribuer aux uns et aux autres des vertus sublimes bien qu'au fond de lui-même il jugeât les individus à leur prix. Un Proust ne peut être qu'un isolé ; est-ce la rançon du génie ? Il nous faut nous tenir à distance d'un tel observateur, d'un juge si implacable, comme d'un grand brasier. »

Cette évaluation terriblement lucide que Marcel fait d'autrui se recouvre d'une politesse élaborée, même avec les domestiques, ce qui étonne à une époque où le mépris à l'égard des classes « inférieures » est monnaie courante. Ses amis vont même inventer le terme *proustifier* pour décrire son attitude et sa façon de parler. Il apporte le même soin, du reste, à interpréter les remarques qu'il entend autour de lui, au point de se réveiller au beau milieu de la nuit, inquiet, pour y réfléchir ; il se demandera par exemple si Monsieur Straus lui adressait un reproche indirect en se plaignant d'un jeune homme qui ne saluait pas ses aînés, alors que Marcel était de toute évidence trop malade pour se lever chaque fois que l'un d'eux faisait son entrée et qu'il connaissait déjà bien ses hôtes. Les questions d'étiquette, mais aussi de bienveillance et de respect, le hanteront toute sa vie. Par contre, il ne tolère pas les clichés faussement élégants, que Lucien Daudet et lui-même appellent les « louchonneries » (*Albion* pour *l'Angleterre, la verte Érin* pour *l'Irlande*, etc.), pas plus que les formulations hypocrites (*les braves gens* pour parler des paysans, par exemple).

À l'âge de 21 ans, Proust répond à un second questionnaire, tiré d'un album français celui-ci. Il y inscrit comme
principal trait de son caractère : « Le besoin d'être aimé et,
pour préciser, le besoin d'être caressé et gâté bien plutôt
que le besoin d'être admiré. » Chez un homme, il dit re-
chercher « des charmes féminins », et chez une femme « des
vertus d'homme ». Son principal défaut : « ne pas savoir, ne
pas pouvoir "vouloir". »

Toujours d'après le questionnaire, ses écrivains préférés incluent maintenant deux auteurs contemporains,
Pierre Loti et Anatole France. Officier de marine et membre de l'Académie française, Loti est un excentrique qui
adore se déguiser en pharaon, en cheik ou encore en sa-
mouraï, et qui réunit dans sa maison des décors de tous
les pays ; il y aménage entre autres un salon turc, une salle
médiévale et une mosquée. Il cultive le même exotisme
dans ses écrits : il aborde le sort des femmes turques dans
Les désenchantées, relate un voyage de Tanger à Fès par
voie de terre dans *Au Maroc*, et donne pour cadre le Japon
à *Madame Chrysanthème*. Anatole France, que Proust
connaîtra bien, est un écrivain d'un tout autre calibre,
dont le talent lui vaudra un prix Nobel. Il signe *Le lys
rouge*, roman qui a pour thème les relations adultères au
sein d'un groupe d'aristocrates en route pour Florence.
Bien que ce livre ne soit pas un chef-d'œuvre comparable
à *Madame Bovary*, il séduit Proust par la justesse de sa

psychologie, sa sensualité raffinée et son portrait d'un poète verlainien.

Marcel apprécie également la mélancolie discrète, le pessimisme tranquille et le solipsisme assumé que dégage cette œuvre. Prenant modèle sur le classicisme de son auteur, il rejette l'hermétisme intentionnel des poètes et romanciers symbolistes. Par ailleurs, sa découverte de l'écrivain exalté qu'est Ruskin le poussera à abandonner le matérialisme d'Anatole France en faveur d'un spiritualisme plus humain, que son éducation l'a déjà prédisposé à adopter.

Assurément, ni Loti, ni France, ni aucun autre écrivain de cette époque ne se comparent, par leur talent ou leur ambition, aux trois grands maîtres du xixᵉ siècle, Balzac, Stendhal et Flaubert. En revanche, le Paris de Proust ne manque pas de lecteurs et de critiques avisés, capables de reconnaître le génie. Mais plus important encore pour un romancier attaché à la peinture des mœurs, Proust a le privilège d'évoluer dans le monde oisif, lettré et cancanier qu'il veut décrire. Il finira par connaître tous les secrets de l'aristocratie, après avoir passé trente ans à mémoriser ses généalogies, ses rites, ses querelles et ses vanités, mais toujours le distanceront de ce monde le fait de ses origines juives, sa naissance bourgeoise, son homosexualité et sa maladie. C'est évidemment cette distance qui fera de lui un observateur efficace. Comme il le soulignera, les hommes d'action (dont font partie, dans une certaine mesure, les mondains) sont toujours trop occupés à se préparer à l'événement qui s'annonce pour se rappeler celui qui est derrière eux.

La princesse de Caraman-Chimay, qui m'accorda un jour un entretien, me raconta que son grand-oncle, le comte Henri Greffulhe (le modèle du duc de Guermantes), avait trouvé son valet en train de sangloter à la nouvelle de la mort de Proust. « Mais pourquoi ce chagrin ? lui demanda-t-il. Vous connaissiez M. Proust ? ». « Oh, oui, répondit le domestique. Chaque fois qu'il y avait un bal ici, M. Proust passait m'interroger le lendemain. Il voulait savoir qui était venu, ce que chacun avait dit, leurs liens de parenté, etc. Un homme si gentil ! Et qui laissait un si généreux pourboire ! » Ce témoignage résume à lui seul les rapports qu'entretient Proust avec la haute société ; tout y est : le désir de préserver les anecdotes que les hôtes eux-mêmes auront vite oubliées, les renseignements glanés auprès d'un valet observateur et bien informé, la gentillesse avec le personnel, et même le gros pourboire.

En brouillant la frontière entre autobiographie et fiction dans *À la recherche du temps perdu*, Proust inaugure ce qui deviendra bientôt un courant littéraire majeur. Pourtant l'originalité de son écriture ne frappera pas d'emblée ses contemporains, d'abord parce que son œuvre plonge ses racines dans les temps révolus de l'aristocratie, et ensuite parce que son style n'a rien de moderne. Son écriture n'est ni dépouillée, ni allusive, ni tissée de silences et d'omissions, mais au contraire saturée ; elle ne s'apparente à aucune autre sauf à celle de Saint-Simon, mémorialiste et portraitiste de talent attaché à la cour de Louis XIV. Et si l'univers des salons fournit à Proust son sujet le plus fascinant, ce choix même lui aliénera une partie de son lectorat. Quand il deviendra célèbre, après sa mort, bon nombre des intellectuels et artistes qui n'avaient vu en lui qu'un parasite et un échotier (il rédige parfois la rubrique du *Figaro* consacrée aux salons) devront soudain réviser leur opinion. Peut-être en raison de son homosexualité, connue à tout le moins d'un petit cercle, ses contemporains auront peine à croire que sous les allures de freluquet se cache le plus grand romancier du XXe siècle.

CHAPITRE 5

En 1892 et 1893, Proust et quatre de ses amis (dont Daniel Halévy, Robert Dreyfus et Fernand Gregh) fondent un magazine littéraire qu'ils intitulent *Le Banquet*, d'après l'œuvre de Platon. Proust y publie des études et des nouvelles qui plus tard composeront son premier livre, *Les plaisirs et les jours*, variation frivole sur *Les travaux et les jours* d'Hésiode. Quand s'éteint *Le Banquet* en 1893, Marcel commence à envoyer ses textes à *La Revue blanche*; y paraît entre autres « Avant la nuit », qui fait entendre la confession d'une lesbienne : « Il n'est pas moins moral, explique celle-ci, — ou plutôt pas plus immoral qu'une femme trouve du plaisir avec une autre femme plutôt qu'avec un être d'un autre sexe. » Ailleurs, elle demande : « Comment nous indigner d'habitudes que Socrate (il s'agissait d'hommes, mais n'est-ce pas la même chose), qui but la ciguë plutôt que de commettre une injustice, approuvait gaiement chez ses amis préférés ? »

Fernand Gregh, le codirecteur du *Banquet*, nous a laissé un portrait de Marcel à cette époque. Il le dépeint comme un jeune homme prêt à tout pour se faire aimer, même à encourir le mépris. Il est beau, écrit-il, et plus encore quand il parle et que ses yeux brillent. L'impression de passivité qui émane de lui est trompeuse : « Il a l'air de se donner, et il prend. »

En 1893, Proust rencontre Robert de Montesquiou chez Madeleine Lemaire, peintre de qui Dumas fils a dit qu'elle avait créé plus de roses que Dieu. Incorrigible flatteur, Proust lui adresse un sonnet qui débute ainsi : « Vous faites plus que Dieu : un éternel printemps ». Il a 22 ans et Montesquiou 37 lorsqu'ils sont présentés. Le comte est un monstre d'égocentrisme qui, comme jadis l'empereur Néron, exige d'être abreuvé de louanges sous peine d'exercer de cruelles représailles contre les fautifs. Sa réponse au questionnaire *Qui êtes-vous ?* en 1909 donne une idée de ses prétentions : « Allié à une grande partie de l'aristocratie européenne. Ascendants : Maréchaux de France : Blaise de Montluc, Jean de Gassion, Pierre de Montesquiou, Anne-Pierre de Montesquiou, conquérant de la Savoie, d'Artagnan (le héros des *Trois Mousquetaires*), l'abbé de Montesquiou, ministre de Louis XVIII, le général comte A. de Montesquiou, aide de camp de Napoléon. » Proust admire ce dandy mince et racé (« Je ressemble à un lévrier dans un paletot », dit-il de lui-même), ami de poètes aussi illustres que Verlaine et Mallarmé, et qui rend un culte à la Beauté en son extravagante demeure. Huysmans lui-même s'est inspiré du comte pour son roman *À rebours*, qui met en scène Des Esseintes, parangon de l'esthète aristocrate. Celui-ci ne quitte jamais son intérieur somptueux et complètement artificiel où chaque pièce reproduit une époque ou encore un climat particulier. Le héros n'a jamais idée de l'heure, car chez lui l'éclairage reste constant ; même les parfums sont contrôlés. Enfin, il acquiert une énorme tortue marine dont il fait glacer d'or la carapace et qu'il laisse se promener sur ses tapis d'Orient, question d'en rehausser les couleurs ; la bête hélas meurt, et la putréfaction s'installe.

On ne saurait trouver de meilleur emblème que cette tortue dorée et putride pour la jeune école des décadents, ces poètes et romanciers qui célèbrent dans leurs œuvres la mort, la débauche et le retrait du monde. Bien que Huysmans n'ait pas rencontré Montesquiou ni visité ses appartements du quai d'Orsay, Mallarmé lui a fait un compte rendu détaillé de sa visite. Une tortue a bel et bien déjà agrémenté les lieux, et on y voit réellement, entre autres pièces, une pièce « polaire » décorée de peaux d'ours, d'un traîneau et de flocons de neige en mica. Montesquiou se comporte en grand seigneur, et son outrecuidance est telle qu'un peintre de la haute société remarquera : « La

Révolution a du bon. Jadis nous aurions battu ses étangs pour faire taire ses grenouilles. »

Jamais il ne perd une occasion de présider à des soirées littéraires et musicales, ni de réciter sa poésie — il est l'auteur de plusieurs recueils : *Les chauves-souris*, *Les hortensias bleus*, *Les perles rouges*. Et puisque aucun compliment fait à sa personne ne lui semble exagéré, Proust l'encense sans vergogne. Après avoir reçu une photographie du comte sur laquelle est inscrit l'un de ses vers « Je suis le souverain des choses transitoires », Proust lui répond : « Vous êtes autant le souverain des choses éternelles. » S'il frôle quelquefois le ridicule, comme lorsqu'il compare Montesquiou à Corneille, il sait généralement flatter avec autant de subtilité que d'audace. Ainsi, après que le dandy lui a fait visiter son célèbre jardin japonais, Marcel lui envoie ces lignes : « Votre âme est un jardin rare et choisi comme celui où vous m'avez permis de me promener l'autre jour […]. » Comme Montesquiou l'apprendra ultérieurement, son jeune protégé déclenche l'hilarité de ses amis en imitant sa façon de parler, son rire et ses tapements de pied. Et il pousse l'audace jusqu'à proposer à son aîné de rédiger un article intitulé « De la simplicité de Monsieur de Montesquiou », qualité que le comte ne s'est encore jamais vu attribuer.

Mais sa révérence pour les arts ainsi que ses extraordinaires relations fascinent Proust, lui qui partage la première et convoite les secondes. Comme le rapporte en 1925 la duchesse de Clermont-Tonnerre : « Et alors ce sont les interminables récits, les fulgurantes conversations, les magnifiques histoires. Montesquiou ouvre le fond de ses armoires, livre ses secrets. Il parle, il parle, il déballe les anecdotes, les mots d'esprit, les traits. Il fait défiler devant Proust les cortèges somptueux. »

Proust modèlera le magnifique personnage du baron de Charlus sur Montesquiou, reprenant ses crises de colère, l'orgueil démesuré qu'il tire de son statut social et de son lignage, et ses interminables monologues. La corpulence et les joues rouges du baron empruntent cependant davantage au baron Jacques Doasan, dont l'amour pour un violoniste polonais finit par le ruiner (l'amour de Charlus pour le violoniste français Charles Morel le conduira au même sort). Charlus hérite encore de l'esprit malicieux de Doasan qui répondit un jour à une de ses connaissances venant de lui recommander avec bienveillance de cesser ses commérages : « Que voulez-vous ? J'aime mieux mes vices que mes amis. » Bien entendu, Proust cédera aussi à son personnage quelques-uns de ses caprices, ses tendances esthétisantes et son caractère ombrageux. Contrairement à d'autres, il ne craint pas de s'examiner sous un jour critique, et il est le premier à rire de ses travers. Avec le très susceptible Montesquiou, toutefois, le jeune homme se fait tantôt apologiste servile, tantôt cruel satiriste.

En 1894, Proust, alors âgé de 23 ans, rencontre le compositeur Reynaldo Hahn, avec qui il aura, assez ouvertement d'ailleurs, une liaison passionnée de deux ans. Hahn a tout juste 18 ans. C'est grâce à lui que Proust va explorer l'univers de la musique, et son nouvel intérêt pour les compositeurs contemporains transparaît bientôt dans ses écrits.

Hahn est né d'une mère vénézuélienne et catholique, d'un père juif allemand. Sa famille quitte Caracas et vient s'installer à Paris en 1877, pour des raisons politiques. À cinq ans, Reynaldo joue déjà du piano, à huit ans il compose, à dix ans il étudie au Conservatoire. Entre 13 et 15 ans, il compose ses plus belles chansons, encore connues aujourd'hui d'un public d'initiés.

Avec Marcel, il partage une ascendance juive, le fait d'être homosexuel, aussi celui d'être un artiste. Quand ils font connaissance, Reynaldo a le regard velouté et la fine moustache que son aîné apprécie tant chez les hommes (Flers et Daudet possèdent également ces attributs désirables). Très rapidement, les deux jeunes gens deviennent inséparables. Ils voyagent ensemble et séjournent dans des châteaux sous le regard complaisant de leurs hôtesses — extraordinaire ouverture d'esprit si l'on considère que de l'autre côté de la Manche Oscar Wilde est condamné aux travaux forcés pour avoir pratiqué le même « vice ». Montesquiou les invite, en couple, à venir rencontrer une aristocrate de sa famille ainsi que l'écrivain Maurice Barrès. Lorsqu'il fait référence à Hahn, le comte prend l'habitude de l'appeler « le petit frère de Proust ». Madame Lemaire, qui reçoit les jeunes gens à son château de Réveillon, les supplie de rester plus longtemps, de renoncer à leur voyage en Bretagne où ils seront installés à l'hôtel, prendront leurs repas à des heures irrégulières et s'abîmeront la santé. (Proust pensera à elle en créant Madame Verdurin, qui se montrera tout aussi tyrannique dans ses prévenances envers ses invités.) Lorsque le couple décide finalement de partir, Hahn remercie Mme Lemaire en ces termes : « Comme vous êtes indulgente pour nous, si fous, si mal élevés […]. Quelle femme et quelle grande artiste consentirait, comme vous faites, à supporter les manies et la compagnie de deux jeunes gens vieillots ? »

L'admiration que Proust voue au philosophe anglais Ruskin incitera Hahn à composer en 1902 *Les muses pleurant la mort de Ruskin* ; déjà en 1895, Proust dédicace sa toute dernière nouvelle « La mort de Baldassare Silvande » à « Reynaldo Hahn, poète, chanteur et musicien ». La présence du mot *mort* dans les deux titres témoigne-t-elle de l'inéluctable déclin de leur amour, ou doit-on plutôt la rattacher à l'atmosphère de décadence qui prédomine alors ? À peine un an après leur rencontre, Hahn met en musique les « Portraits de peintres » de Proust, et les deux artistes prévoient écrire ensemble un livre sur Chopin ; ce

projet n'aboutira cependant jamais. Leur amitié a rapidement évolué : dans sa correspondance avec Marcel, Hahn,
en l'espace de quelques jours passe de « Cher ami » à « Cher
maître », puis à « Mon cher petit » ; de son côté, Proust ne
ménage ni les supplications ni les menaces lorsqu'il somme
l'aimé d'accourir à son chevet, et l'on reconnaît dans ses
missives le ton qu'il utilisait avec sa mère quand il voulait
lui arracher un dernier baiser avant la nuit.

À peu près au même moment d'ailleurs, l'écrivain termine une autre nouvelle, « La confession d'une jeune fille »,
dans laquelle l'héroïne âgée de 14 ans évoque justement sa
mère : « Elle venait me dire bonsoir dans mon lit, ancienne
habitude qu'elle avait perdue, parce que j'y trouvais trop de
plaisir et trop de peine, que je ne m'endormais plus à force
de la rappeler pour me dire bonsoir encore, n'osant plus à
la fin, n'en ressentant que davantage le besoin passionné,
inventant toujours de nouveaux prétextes, mon oreiller
brûlant à retourner, mes pieds gelés qu'elle seule pourrait
réchauffer dans ses mains… »

Quelque chose de ce besoin obsessif assombrit l'amour
de Proust pour Hahn, lequel note dans son journal avec
une inquiétude toute paternelle : « Je voudrais tant le rendre plus stable […]. » L'une des scènes les plus mémorables
du *Côté de chez Swann* est celle où Swann part à la recherche de sa maîtresse, Odette, allant de café en café, désespé-
rant de la retrouver avant la fermeture. Quand il la voit

enfin, il se rend compte que sa course folle a cristallisé quelque chose en lui : une véritable passion pour elle s'est substituée à l'ennui et à l'indifférence qu'il ressentait pas plus tard que la veille. Cette célèbre scène a son antécédent dans la vie de Proust, qui faillit perdre la tête un soir où il ne parvenait pas à retrouver Reynaldo. Dans la lettre qu'il lui adresse le lendemain, il l'appelle « Mon pauvre enfant » et signe « Ton enfant. Marcel », preuve de son infantilisme, sans doute, mais aussi de sa compassion pour celui qu'il ne peut s'empêcher de tourmenter de son affection. Voici ce qu'il lui écrit :

Mon petit, Madame Lemaire est cause de tout. Elle n'a pas voulu me laisser partir chez Madame E. Stern sans m'y conduire elle-même (avec Mlle Suzette) de sorte qu'à onze heures quand j'ai voulu partir elle m'a demandé d'attendre quelques instants. Je l'ai fait parce que surtout j'espérais encore vaguement que tu arriverais chez les Daudet. M'avait-on trompé d'heure en me disant onze heures ou depuis s'était-il écoulé plus de temps que je ne croyais, j'ai senti en arrivant avenue Montaigne et voyant des gens sortir du bal et aucun arriver qu'il devait être très tard. Je ne pouvais pas ne pas entrer, car je ne voulais pas avouer à Madame Lemaire que je n'avais qu'une idée, c'était te rejoindre, mon ami. Hélas, je suis entré chez Madame Stern, je n'ai parlé à personne, je suis ressorti, je peux te le dire, sans être resté *quatre minutes* et quand je suis arrivé chez Cambons *il était minuit passé* ! Et Flavie m'a tout dit ! Attendre le petit, le perdre, le retrouver, l'aimer deux fois plus en voyant qu'il est revenu chez Flavie pour me prendre, l'espérer pendant deux minutes ou le faire attendre cinq minutes, voilà pour moi la véritable tragédie, palpitante et profonde, que j'écrirai peut-être un jour et qu'en attendant je vis.

Ces phrases haletantes qui s'enchaînent pêle-mêle sous le coup de l'émotion traduisent efficacement l'expérience vécue, et pourtant l'emploi de la troisième personne pour désigner Reynaldo («le petit») révèle que le processus de « mise en fiction » est déjà amorcé. Par ailleurs, l'alternance entre le *tu* et le *vous* dans les lettres de cette période montre combien la liaison entre ces deux jeunes gens demeure enfiévrée.

En 1895, ils vont en Bretagne, d'abord à Belle-Île-en-Mer pour rendre visite à Sarah Bernhardt, puis au village de Beg-Meil, sur la côte, où ils logent dans un hôtel qui compte une vingtaine de chambres.

C'est à Beg-Meil que Proust, qui a maintenant terminé *Les plaisirs et les jours*, entreprend la rédaction de *Jean Santeuil*, un roman assez confus qui préfigure *À la recherche du temps perdu* et que l'auteur abandonnera sans le polir ni le terminer. Aussi bien par le ton que par les stratégies mises en place, les deux œuvres diffèrent radicalement. En guise d'exemple, le héros autobiographique, décrit à la troisième personne dans *Jean Santeuil*, change de statut dans la *Recherche* où il devient le narrateur qui parle au «je». L'image des parents subit également d'importantes modifications d'un roman à l'autre. Dans le second, rédigé après leur décès, ce sont des êtres sages, raffinés et un peu tristes qui souhaitent avant toute chose la santé et le bonheur de leur fils neurasthénique. On est loin des tyrans mal dégrossis qui entravent les projets mondains et artistiques de Jean. Enfin, tandis que la *Recherche*, mue par une réflexion philosophique, procède avec cohérence et majesté pour créer un univers dans lequel les personnages évoluent tels des corps célestes bien réglés, *Jean Santeuil* avance par à-coups, propulsé par des colères et des enthousiasmes trop vite consumés, ou au contraire fait du surplace en multipliant les versions d'une même scène; malgré ses centaines de pages, aucun thème ne prend de l'ampleur, aucun incident n'a de suite, les personnages font leur apparition puis disparaissent sans jamais gagner en profondeur ni frapper l'imagination.

Marcel finissant à peine ses études, les anecdotes qui ont trait au contexte scolaire se méritent une place non négligeable dans cette œuvre de jeunesse. Les aristocrates, pour leur part, y tiennent déjà la vedette, mais ils sont grotesques, ou peu convaincants dans leur désir de séduire le timide et insignifiant héros. Il n'en reste pas moins que nombre des personnages qui peupleront la *Recherche* sont déjà esquissés. Proust s'intéresse à l'affaire Dreyfus, dont il met en relief l'aspect politique alors qu'il insistera ultérieurement sur ses répercussions sociales. La vie à Combray ainsi que la routine militaire dans une ville de garnison sont aussi partiellement décrites, de même qu'apparaît en filigrane le thème de la mémoire involontaire.

L'homosexualité masculine, qui deviendra une préoccupation majeure dans l'œuvre proustienne, ne reçoit pour l'instant presque aucune mention, bien que l'écrivain transpose déjà ses amours du masculin au féminin, avec le lesbianisme littéraire que cela entraîne. Voyons-en un exemple. Dans la vraie vie, Reynaldo Hahn et Lucien Daudet se connaissaient (et furent peut-être amants) avant que Marcel ne les rencontre. Or, dans la fiction, cette possibilité tourmente Jean, qui est jaloux à l'idée d'une aventure lesbienne entre « Françoise » (Hahn) et « Charlotte » (Daudet). « Puis-je appeler ce livre un roman ? s'interroge Proust dans la préface. C'est moins peut-être et bien plus, l'essence même de ma vie, recueillie sans y rien mêler, dans ces heures de déchirure où elle découle. Ce livre n'a jamais été fait, il a été récolté. » L'écrivain restera fidèle à cette idée que la vie ne nous donne qu'un livre à écrire, l'histoire de notre propre existence qu'il faut simplement « traduire ».

Dans *Jean Santeuil*, Reynaldo apparaît non seulement sous les traits de Françoise, mais également sous ceux du délicieux aristocrate Henri de Réveillon, ainsi nommé d'après le château de Madame Lemaire. Dans la *Recherche* pourtant, sa présence sera à peine décelable. C'est que Marcel commence déjà à se débarrasser de lui en le transformant en personnage : faire le portrait de l'ami revient d'une certaine manière à lui faire ses adieux. La rupture avec Hahn est d'ailleurs l'un des motifs pour lesquels Proust laissera son premier roman inachevé. Bien entendu, des considérations purement littéraires entreront également en ligne de compte, notamment la difficulté qu'éprouve l'écrivain à imposer une structure d'ensemble à son ouvrage.

Reynaldo est l'un des quelques hommes dans la vie de Proust avec qui l'amour a été mutuel et profond, sentimental et charnel. Née au printemps 1894, leur liaison s'éteindra deux ans plus tard, mais les amants resteront amis. Dans la période la plus ardente de leur affection, Proust fait cette déclaration : « Je voudrais être maître de tout ce que vous pouvez désirer sur la terre pour pouvoir vous l'apporter — auteur de tout ce que vous admirez dans l'art pour pouvoir vous le dédier. » Plus tard, quand l'amitié aura succédé à la passion, ce sera d'abord à Reynaldo que Marcel fera lire *Du côté de chez Swann*. En 1945, longtemps après la mort de Proust, Hahn deviendra le directeur de l'Opéra de Paris. Bien qu'ils aient en commun un attrait pour la musique, la littérature, les voyages, les discussions et la vie mondaine, leur relation affiche précisément les caractéristiques de l'amour tel qu'il apparaît dans l'univers littéraire proustien : violentes crises de jalousie, récriminations et disputes, blessures d'amour-propre, bouderies, réconciliations extatiques — soit le tribut à payer quand l'amour est une guerre, et la cour un jeu de stratège. L'amour entre Swann et Odette, que Proust dépeint avec tant d'éloquence, implique les mêmes rapports de force, la même alternance de jalousies et de réconciliations, que connurent Marcel (Swann) et Reynaldo (Odette) dans leur jeunesse, même si à l'évidence l'écrivain emprunte fort peu de détails à la vie, l'apparence ou la personnalité de son ami.

Mélancolique face à leur rupture, Hahn en vient à cette conclusion : « Le plaisir que donne l'amour ne vaut vraiment pas le bonheur qu'il détruit. » À son tour, Proust montre dans « Critique de l'espérance à la lumière de l'amour » (*Les plaisirs et les jours*) que rien n'est plus douloureux que l'effondrement de la confiance dans l'amour, mais que si le désenchantement tue l'amour au présent comme au futur, il ne peut cependant affecter les souvenirs d'un passé partagé et heureux : « Mais rapprochez-vous de moi, ma chère petite amie. Essuyez vos yeux, pour voir, je ne sais pas si ce sont les larmes qui me brouillent la vue, mais je crois distinguer là-bas, derrière nous, de grands feux qui s'allument. Oh ! ma chère petite amie, que je vous aime ! donnez-moi la main, allons sans trop approcher vers ces beaux feux… Je pense que c'est l'indulgent et puissant Souvenir qui nous veut du bien et qui est en train de faire beaucoup pour nous, ma chère. »

Avec une apparente facilité, Proust délaisse Hahn pour se tourner vers Lucien Daudet, qui fera l'objet de ses attentions en 1896-1897. Lucien est encore plus jeune que Reynaldo (il a sept ans de moins que Marcel), mais possède une remarquable culture. Ses amis le surnomment d'ailleurs Monsieur Je-sais-tout, ce qui laisse supposer qu'il tire de son érudition une fierté un peu trop ostensible. D'après son frère aîné Léon, Lucien est l'aristocrate de la famille. Et en effet il parviendra, mieux que Proust, à se tailler une place fort enviable dans le monde, en partie grâce à son alliance avec l'impératrice Eugénie. Bien qu'il soit le fils de l'un des écrivains les plus connus de l'époque, son snobisme le poussera à déclarer qu'il aurait échangé les œuvres complètes de son père contre un D apostrophe qui lui eut permis de s'appeler, plus noblement, *d'Audet*. Il apporte un soin tel à sa tenue qu'un membre de la cour d'Eugénie, utilisant le terme anglais, l'accusera d'être *overdressed* et lui reprochera ses trop belles cravates.

Marcel et Lucien ont tous deux beaucoup d'humour, ainsi qu'un intérêt commun pour la peinture et la littérature. Malgré ses aptitudes artistiques, Lucien arrive difficilement à trouver sa voie, subjugué qu'il est par les modèles qui l'entourent : son père romancier et le peintre Whistler, un proche ami de la famille. Comme il l'expliquera à sa mère : « Whistler dont j'ai été, je crois, le seul élève français, m'a donné un certain goût en peinture, m'a fait comprendre pourquoi une chose est belle, mais m'a donné en même temps un très grand mépris pour ce qui n'est pas de premier ordre et […] ce mépris, je l'applique aussi à ce que je fais. » De même, des années plus tard, il se sentira totalement éclipsé (émerveillé aussi) par le chef-d'œuvre de Proust. Leur liaison durera environ 18 mois, pas plus longtemps que celle avec Hahn donc. Les jeunes gens resteront toujours en bons termes, quoique Lucien reprochera fréquemment à Marcel de le négliger. Fidèle et loyal à sa façon, ce dernier fera une critique élogieuse du roman discrètement homosexuel que publiera son ami en 1908, *Le chemin mort*.

Pour faire plaisir à ses parents, Proust se porte candidat au poste d'« attaché non rémunéré » à la bibliothèque Mazarine, située dans le même immeuble que l'Académie française. Comme c'était à prévoir, il tire plusieurs ficelles pour obtenir l'emploi, et avec la même énergie tâche aussitôt d'obtenir un congé, qu'il renouvellera régulièrement jusqu'à ce que des années plus tard on finisse par le remercier. Comme l'a noté André Maurois dans sa biographie : « Il y fut le plus détaché des attachés et alla de congé en congé. » À l'instar de Flaubert qui s'était ménagé du temps pour écrire en invoquant des raisons de santé (dont une grave dépression nerveuse) qui l'empêchaient de pratiquer le droit, Proust, tout en ayant l'air de se plier aux volontés de son père, parvient avec son entêtement tranquille à ne rien faire qui lui déplaise, ne fût-ce qu'une journée.

En 1896, quand il a 27 ans, paraît son premier livre, *Les plaisirs et les jours*, après deux ans d'attente. Le retard est dû à Mme Lemaire, qui se charge des illustrations, mais aussi à la difficulté de trouver un éditeur. Calmann-Lévy accepte finalement de publier le manuscrit malgré les réserves que lui en inspire le style. Même Anatole France, qui préface l'ouvrage, entretient des doutes quant à cet auteur « qui écrit des phrases interminables à vous rendre pulmoniques », comme le rapporte son secrétaire. Au moment de présenter le volume, il adopte heureusement un autre ton, mais qui conserve quelque chose d'ambigu ; ces textes plongent le lecteur, dit-il, « dans une atmosphère de serre chaude, parmi des orchidées savantes », tout en revivifiant la culture classique : « C'est le printemps des feuilles sur les rameaux antiques. »

Avec sa présentation luxueuse, *Les plaisirs et les jours* coûte quatre fois le prix d'un livre ordinaire et se vend mal ; la tiédeur des critiques, déjà rares, n'arrange rien. Léon Blum, qui dirigera la France des années plus tard, trouve l'ouvrage « trop coquet et trop poli ». Même l'ancien camarade de lycée qu'est Fernand Gregh signe un article équivoque : « L'auteur de ce livre s'est recommandé auprès du public des noms les plus connus ; il a fait appel, avec une sorte de timidité, aux amitiés les plus précieuses pour l'introduire dans la vie littéraire. On pourrait dire qu'il a réuni autour du livre nouveau-né toutes les fées bienfaisantes.

L'usage est d'en oublier une ; il nous semble pourtant qu'ici elles étaient conviées toutes. Chacune a donné à l'enfant une grâce : la première une mélancolie, la seconde une ironie, la troisième une mélodie particulière. Et toutes ont promis le succès. » Gregh parodie finement mais sans erreur possible le battage publicitaire auquel s'est livré l'auteur, démarche que ce dernier répétera avec plus d'aplomb encore ultérieurement, quand il invoquera toutes les divinités susceptibles de l'aider à remporter le prix Goncourt.

Entre 1897 et 1899, Proust écrit relativement peu. *Les plaisirs et les jours* est derrière lui, et le manuscrit de *Jean Santeuil* a presque atteint sa forme définitive. Il décide cependant d'y faire figurer sa rupture avec Hahn — dans le roman ce sont Jean et Françoise qui vivent la fin d'une liaison — et il ajoute des détails au récit de l'affaire Dreyfus au rythme même des événements. En fait, le reportage quasi journalistique des procès liés à l'affaire est en train de prendre des proportions démesurées par rapport au reste de l'ouvrage.

Au cours de cette période, Proust reste un lecteur avide, de Balzac surtout, dont il admire les romans qui s'enchaînent en mettant en scène les mêmes personnages. Il est sensible à l'histoire des jeunes provinciaux ambitieux qui, montés à Paris, réussissent à se hisser dans l'échelle sociale grâce à leurs maîtresses — ou grâce à un amant influent, tel Lucien de Rubempré dans *Les illusions perdues* qui bénéficie des bons offices de Vautrin, criminel habile qui est clairement épris de lui. Tout comme Balzac avait appris les mœurs et usages de l'aristocratie auprès de ses amis titrés pour dépeindre ensuite la vie du Faubourg Saint-Germain, ainsi Proust, grâce aux rencontres qu'il fait à travers Robert de Montesquiou, observe tout ce qui se passe dans le bastion légendaire de la vieille aristocratie, emmagasinant tout en mémoire afin de s'en servir plus tard. Dans cette mémoire involontaire, toujours vive, parfaitement fidèle et inaltérée que Proust distingue de la mémoire ordinaire, inerte, souvent défaillante et virtuellement inutile pour l'artiste.

De Balzac, Proust acquiert également le goût du théâtral, comme en font foi les scènes qui se déroulent au bordel homosexuel, l'épisode où une lesbienne s'abîme dans un paroxysme d'excitation sexuelle avec sa partenaire après avoir craché sur la photo du père vénéré de celle-ci, ou encore celui où le baron de Charlus (un proche parent littéraire du Baron Hulot et du Vautrin de Balzac) se fait publiquement humilier par une hôtesse de la bourgeoisie avant d'être escorté jusqu'à la porte, en grande pompe, par la reine de Naples.

Proust ne limite cependant pas ses lectures aux seuls auteurs français. Ses goûts ne connaissent pas de frontières et, même s'il ne maîtrise pas de langue étrangère, il

fréquente également Shakespeare, Goethe et George Eliot.
Il trouvera particulièrement saisissant le portrait de Casau-
bon que fait cette dernière dans *Middlemarch*. L'image de
cet universitaire qui, comme le dira Proust, « avait travaillé
toute sa vie pour une œuvre insignifiante et absurde »,
remettant toujours à plus tard la publication de son ouvrage
encyclopédique, et qui finit par sombrer dans la stérilité et
la confusion, a de quoi hanter le jeune écrivain. À peu près
à cette époque, il se rend en Hollande pour une exposition
de Rembrandt et fait paraître un article sur le maître fla-
mand. Bien que dans leur exaspération ses parents ne
voient en Marcel qu'un dilettante qui n'arrivera jamais
à rien (jugement qu'il est peu porté à contredire), il est
néanmoins en train d'acquérir petit à petit le bagage
d'expériences et de références culturelles, la connaissance
des rouages du cœur et de la société, qui nourriront son
chef-d'œuvre.

L'une de ces expériences marquantes est une provoca-
tion en duel et l'affrontement auquel elle donne lieu, qui va
se dérouler dans la forêt de Meudon, au sud-ouest de Paris,
terrain traditionnel pour ce genre d'événement. Jean Lorrain, romancier décadent et, comme Proust, homosexuel et
mondain invétéré, entretient une querelle avec Robert de
Montesquiou. À la parution du livre de son protégé, *Les
plaisirs et les jours*, il en publie une critique désobligeante,
associant Proust à l'un de ces « jolis petits jeunes gens du

monde en mal de littérature». Sept mois plus tard, le 3 février 1897, sous couvert d'un pseudonyme, Lorrain revient à l'attaque en écrivant qu'Alphonse Daudet signera assurément la préface du prochain ouvrage de Marcel «parce qu'il ne peut rien refuser à son fils Lucien».

Cette insinuation d'une liaison homosexuelle avec le jeune Daudet ne peut demeurer sans riposte. Trois jours plus tard donc, l'adversaire est convoqué. Armés d'un pistolet, campés à trente pas l'un de l'autre, les deux hommes tirent au-dessus de la tête de leur vis-à-vis. Proust fait preuve d'un sang-froid étonnant — sa balle, dit-il, est tombée tout près du pied de Lorrain — sans doute enhardi par la présence de ses seconds, le peintre Jean Béraud et le très viril Gustave de Borda, duelliste renommé. Personne ne songe à souligner l'absurdité de la situation: un homosexuel «accuse» un autre homosexuel de l'être, ce qui mène à un duel visant à rétablir la «réputation» de la partie «lésée». Après ce face-à-face, Lorrain cesse de s'en prendre à Proust mais continue à faire de Montesquiou la cible de son fiel; ainsi, lorsque le baron commande son portrait au peintre de salon Boldini, Lorrain écrit qu'il a fait appel au «Paganini des peignoirs».

Au cours de sa vie, Proust provoquera d'autres hommes en duel, mais heureusement aucun de ses défis n'aura de conséquences tragiques. Même si ces affrontements sont déjà considérés comme anachroniques, la plupart des gens continuent d'attribuer au duelliste des vertus de bravoure et de masculinité. C'est cette image d'hypervirilité que Proust cherche à cultiver, afin de contrecarrer les bruits de plus en plus nombreux qui courent sur son homosexualité. Être *étiqueté* homosexuel dans la presse, par opposition à mener une vie d'homosexuel dans le secret ou à tout le moins avec discrétion, restera socialement anathème, même à Paris, jusqu'à une époque toute récente.

CHAPITRE 6

APRÈS L'INSUCCÈS relatif des *Plaisirs et les jours* et l'abandon de *Jean Santeuil* (projet dont peu étaient même au courant), Proust se tourne vers la traduction du philosophe anglais John Ruskin (1819-1900). Il ne tarde pas à se rendre compte qu'il y a en fait deux Ruskin : le critique d'art fasciné par les cathédrales de France et par Venise, mais aussi le réformateur social dont les écrits influenceront Gandhi et le Parti travailliste anglais. Comme plusieurs de ses contemporains victoriens, Charles Dickens et Matthew Arnold par exemple, Ruskin condamne le capitalisme effréné de son époque et les conditions de vie que ce régime impose au prolétariat. Contre les horreurs du machinisme, il défend l'utopie de l'artisan indépendant tel qu'il a pu exister au Moyen-Âge. Au demeurant, il appelle de ses vœux la création d'un mouvement international de

travailleurs qui s'opposerait à la guerre, notion peu susceptible de trouver grâce aux yeux du fervent patriote et ex-
soldat qu'est Proust.

Entre 1900 et 1906, l'écrivain s'absorbe complètement
dans l'œuvre de Ruskin et traduit deux de ses livres, *La
Bible d'Amiens* et *Sésame et les lys*. Ne lisant pas l'anglais, il
prend pour point de départ les versions littérales que lui
fournissent sa mère et Marie Nordlinger, la jeune cousine
anglaise de Reynaldo Hahn, et les récrit magnifiquement.
En vue de son travail, il fait un voyage à Amiens en compagnie de Reynaldo pour admirer la cathédrale, et un autre
à Venise avec sa mère. Ses lectures se multiplient ; en 1899,
il a entre les mains *L'art religieux du XIIIe siècle* d'Émile
Mâle, *Ruskin et la religion de la beauté* de Robert de la
Sizeranne, et les œuvres de Ruskin déjà parues en traduction française. Le style de Proust-traducteur rappelle beaucoup celui du philosophe anglais ; dans ses écrits ultérieurs,
nous retrouverons la même ampleur, la même complexité
syntaxique, qui font de lui un cas d'exception dans la littérature française.

On comprend difficilement aujourd'hui l'énorme influence qu'a eue Ruskin sur toute la fin du XIXe siècle, en
Europe et même aux États-Unis. En Californie par exemple, ses partisans se regroupent pour former des « clubs
Ruskin », et ses doctrines qui préconisent un retour aux
designs et techniques des métiers d'art donnent naissance à

l'architecture *Shingle style* dans la région de San Francisco. Mais nonobstant les applications pratiques qui découlent de ses idées, la pensée ruskinienne est foncièrement idéaliste ; elle affirme la dignité de l'individu face à l'anonymat urbain, et l'importance de la culture pour l'élévation morale des travailleurs. Sa popularité est telle que même des amoureux de la nature se réclament d'elle.

Par certains aspects — l'idéalisme, l'anti-intellectualisme, le culte du beau — Ruskin rejoint Proust. En revanche, les programmes à caractère moraliste qu'il dresse à l'intention des pauvres n'intéressent pas l'écrivain, ce qu'il faut pour une part attribuer aux différences de mentalité politique qui distinguent la France et l'Angleterre. Tandis qu'en France, les réformes sociales voient le jour au terme de luttes résolument dissociées de toute préoccupation religieuse ou sentimentale, en Angleterre les idées progressistes soumises au débat politique sont généralement empreintes d'évangélisme chrétien. (La très pieuse mère de Ruskin a d'ailleurs initié son fils à l'étude de la Bible quand il était fort jeune.) Mais Proust, qui ne perd jamais son sens critique, a des objections plus personnelles à soulever contre lui. *Sésame et les lys* conçoit la lecture comme un outil de transformation sociale, censé permettre à la classe ouvrière d'améliorer son sort. Or, en guise de préface à sa traduction, Proust rédige un texte particulièrement émouvant où il est question du pouvoir magique qu'a la lecture d'éveiller l'imagination d'un enfant — ce qui justifie pleinement son importance.

Cet article intitulé « Sur la lecture » signale que le cap de la maturité est franchi, car s'y révèle pour la première fois dans toute sa force le style vraiment personnel qui caractérisera *À la recherche du temps perdu*. Proust évoque déjà son enfance dans le village qui deviendra Combray, et oppose ses principes esthétiques à ceux de Ruskin et des autres représentants du mouvement *Arts and Crafts*, tel William Morris :

> Après le déjeuner, ma lecture reprenait tout de suite ; surtout si la journée était un peu chaude, on montait « se retirer dans sa chambre », ce qui me permettait, par le petit escalier aux marches rapprochées, de gagner tout de suite la mienne, à l'unique étage si bas que des fenêtres enjambées on n'aurait eu qu'un saut d'enfant à faire pour se trouver dans la rue. J'allais fermer ma fenêtre, sans avoir pu esquiver le salut de l'armurier d'en face, qui, sous prétexte de baisser ses auvents, venait tous les jours après déjeuner fumer sa cigarette devant sa porte et dire bonjour aux passants, qui, parfois, s'arrêtaient à causer. Les théories de William Morris, qui ont été si constamment appliquées par Maple et les décorateurs anglais, édictent qu'une chambre n'est belle qu'à la condition de contenir seulement des choses qui nous soient utiles et que toute chose utile, fût-ce un simple clou, soit non pas dissimulée, mais apparente. Au-dessus du lit à tringles de cuivre et entièrement découvert, aux murs nus de ces chambres hygiéniques, quelques reproductions de chefs-d'œuvre. À la juger d'après les

principes de cette esthétique, ma chambre n'était nullement belle, car elle était pleine de choses qui ne pouvaient servir à rien et qui dissimulaient pudiquement, jusqu'à en rendre l'usage extrêmement difficile, celles qui servaient à quelque chose. Mais c'est justement de ces choses qui n'étaient pas là pour ma commodité, mais semblaient y être venues pour leur plaisir, que ma chambre tirait pour moi sa beauté.

Il est important de souligner que le premier texte significatif de Proust prend la forme d'un essai personnel rédigé en réaction aux théories d'un penseur influent. Dans quelques années, la rédaction de la *Recherche* trouvera son point de départ dans un essai visant pareillement à remettre en question les idées d'un théoricien. À cet égard également, Proust est un précurseur, puisqu'une bonne part des réalisations littéraires du xxe siècle doivent leur succès à l'interpénétration des genres — roman et mémoires, fiction et essai, par exemple. Notre époque est celle du « roman-vérité », des mémoires qui jouent librement avec les faits, des biographies qui mettent en scène l'auteur conversant avec son défunt sujet (pensons à la biographie de Dickens par Peter Ackroyd). Certains critiques estiment que le fait d'élever un sous-genre littéraire (la bande dessinée, le roman policier, etc.) au rang de grand art génère une énergie créatrice nouvelle. On pourrait affirmer la même chose du croisement de deux genres, tout aussi susceptible de créer quelque chose de neuf. Dans le cas de

Proust, c'est la rencontre du roman et de l'essai qui s'avé-
rera fertile.

Tandis qu'il travaille à ses traductions et à ses articles,
Marcel se lie d'amitié avec trois jeunes hommes dont le
statut social dépasse celui de ses autres relations. Il y a
d'abord le comte Gabriel de La Rochefoucauld, un lettré
aux vues libérales qui servira de modèle à Robert de Saint-
Loup. De même que celui-ci épouse Gilberte Swann, une
demi-Juive, Gabriel prendra pour femme en 1905 une
noble héritière d'ascendance juive, Odile de Richelieu. Les
La Rochefoucauld étant l'une des trois plus vieilles familles
de France, le comte occupe le pinacle de la haute société —
que Proust le fréquente indique d'ailleurs la mesure de son
ascension sociale. Sa frivolité et son libertinage sont pro-
verbiaux. Si son ancêtre s'est mérité un nom grâce à ses
austères et pessimistes épigrammes, *Les maximes* de La
Rochefoucauld, au comte revient l'honneur d'être surnommé « Le La Rochefoucauld de chez Maxim's », surnom
d'autant plus approprié qu'à la Belle Époque ce restaurant
est un endroit où aucune femme respectable n'accepterait
de se faire voir.

Le second jeune et élégant aristocrate que Proust se met
à fréquenter est le prince roumain Antoine de Bibesco, qui
repoussera avec une froideur souvent cruelle ses trop fréquentes invitations. C'est à l'occasion d'une des soirées
données par sa mère que Bibesco rencontre l'écrivain, dont

il évoquera plus tard le visage pâle, avec « des yeux comme de la laque japonaise », et la main « pendante et molle ». Quand il lui expliquera l'importance de donner une poignée de main ferme et virile, Proust lui répondra : « Si je suivais ton exemple, on me prendrait pour un inverti. » La réponse montre à quel point la façon de penser des homosexuels de cette époque est tortueuse : un homosexuel devrait serrer mollement la main d'un hétérosexuel afin que ce dernier ne le prenne pas pour un homosexuel en train de se donner des allures d'hétérosexuel. Alors qu'en vérité, il est exactement ce qu'il paraît être : un homosexuel qui a une poignée de main molle…

Bibesco, pourvu d'un esprit malicieux sinon malveillant, aime jouer des tours à ses amis et n'hésite pas à trahir leurs confidences. Comme le remarque Proust (surnommé par lui « le Flatteur »), le prince est « grave avec les idées et sarcastique avec les hommes ». Quand il lui confie sa fascination amoureuse pour un autre aristocrate, Bertrand de Fénelon, Bibesco s'empresse aussitôt d'aller répandre la nouvelle, ce qui fait craindre à Marcel d'être accusé de *salaïsme* (terme que le groupe d'amis utilise pour désigner l'homosexualité, formé sur le nom du comte Sala, dont l'inversion était notoire). L'écrivain semble ignorer que son homosexualité est déjà connue du cercle qu'il fréquente. « Il était pourtant bien convenu, écrit-il à Bibesco, que tu étais la seule personne à qui je m'étais ouvert de ceci que même Reynaldo ignore. Involontairement tu l'as appris à d'autres. J'ai fait tous mes efforts pour arranger. Mais si tu vas maintenant faire des allusions [...]! Mais pense un peu à l'effet que cela ferait, à ce que cela ferait penser de moi [...]. Il n'y a pas que moi, il y a ma famille pour qui je me dois de ne pas me faire passer gratuitement pour salaïste, ne l'étant pas. »

Paradoxalement, en dépit de ses indiscrétions, Bibesco se targue de pouvoir garder un secret. En fait, la clandestinité est un ingrédient clé de ses amitiés. Il propose même à Marcel un pacte les engageant à se tenir mutuellement au courant de tout ce qu'ils entendent dire sur le compte de l'autre, le bon comme le mauvais, mais surtout le mauvais. Le pacte s'accompagne de mots codés; *tombeau*, par exemple, indique qu'un secret inviolable est sur le point d'être révélé. Tout cela paraît sans doute juvénile, mais Proust est ravi d'appartenir à une société secrète de jeunes et distingués hétérosexuels, même si son adhésion l'oblige à masquer ses préférences sexuelles. Peut-être est-ce justement par crainte du rejet, si jamais la vérité devait éclater au grand jour, qu'il dédaignera ouvertement le culte de l'amitié alors très répandu en France. Déjà en 1901, il écrit à Bibesco, dont il semble au demeurant passablement amoureux: «Tout cela est beaucoup trop s'occuper d'amitié qui est une chose sans réalité. Renan dit de fuir les amitiés particulières. Emerson dit qu'il faut changer progressivement d'amis. Il est vrai que d'aussi grands qu'eux ont dit le contraire. Mais j'ai une sorte de lassitude d'insincérité et d'amitiés, ce qui est presque la même chose.» Bien entendu, l'insincérité dont Proust se plaint n'est autre que la sienne. Dans le dernier volume de son roman, il conclura: «L'artiste qui renonce à une heure de travail pour une heure de causerie avec un ami, sait qu'il sacrifie une réalité pour quelque chose qui n'existe pas.»

Pendant les premiers temps de son amitié avec Antoine de Bibesco, pourtant, il ne ménage rien pour l'attirer à son chevet, allant même jusqu'à promettre à cet incorrigible hétérosexuel de discuter de salaïsme: «J'ai fait sur le salaïsme des réflexions assez profondes et qui vous seront communiquées dans un de nos prochains entretiens métaphysiques, lui écrit-il. Inutile de vous dire qu'elles sont d'une extrême sévérité. Mais il reste une curiosité philosophique à l'égard des personnes. Dreyfusard, antidreyfusard, salaïste, antisalaïste, sont presque les seules choses intéressantes à savoir d'un imbécile.» Ce qui revient à dire que l'on est toujours curieux des opinions politiques et des mœurs sexuelles d'autrui, même des êtres les plus ternes et les plus ennuyeux.

Ironiquement, le jeune Fénelon, qui complète le trio des nouveaux amis de Proust, camoufle lui aussi son homosexualité, ou plutôt sa bisexualité — son bimétallisme, selon le jargon du petit groupe — ce que Marcel ne découvrira que bien plus tard. Il s'amourache tant du beau Fénelon qu'il l'appelle « Ses Yeux bleus », en référence au titre d'une pièce à la mode. Au cours d'un voyage en Hollande, les deux jeunes gens se brouillent. Comme Proust l'expliquera à Hahn : « Mon affection pour ses yeux bleus subit en ce moment une crise malheureuse, à un mot désagréable qu'il m'a dit, je suis tombé sur lui à coups de poings. » Ce même Fénelon sait par ailleurs se montrer galant : un soir, dans un restaurant bondé, voyant que Proust frissonne, il se hasarde à travers la salle en marchant sur le dos des banquettes pour aller chercher son manteau, geste que reprendra Saint-Loup dans la *Recherche*. Proust construit en effet ses personnages en combinant les traits de plusieurs amis, bien qu'inversement il lui arrive de partager, comme par mitose, les traits d'un seul être entre plusieurs personnages. Lorsqu'il s'entiche de Fénelon, il demande à Bibesco de l'espionner et de lui rapporter tous ses mouvements, exactement comme le fera le Narrateur dans ses moments d'extrême jalousie pour Albertine. Espionnage, enquêtes secrètes, interrogatoires interminables : avec Proust, l'amour prend la forme d'une passion procédurière, d'une véritable inquisition.

Comme ses nouveaux amis, Proust est épris d'architecture médiévale, enthousiasme sans doute inspiré par Ruskin. Marcel, Antoine de Bibesco et son frère Emmanuel, auxquels se joignent d'autres jeunes gens, aiment aller visiter les églises gothiques de Paris et des environs. Une première excursion les mène à Chartres. La destination suivante est Provins, au printemps 1902. Le groupe d'amis décide ensuite de pousser jusqu'à Laon, à 120 kilomètres de la capitale. Les tours de la cathédrale de l'endroit et leurs colossales têtes de bœuf sculptées impressionnent grandement Proust ; ces détails architecturaux et d'autres, on les retrouve minutieusement décrits dans l'œuvre de l'écrivain. De nos jours, les romanciers évitent de comparer leurs personnages à des œuvres d'art mais Proust, lui, ne répugne pas à créer une atmosphère hautement esthétisée. En fait, il cultive l'esthétisme à tel point qu'il paraît indissociable de son style. Les Guermantes se verront donc comparés aux fameux bœufs de pierre ainsi qu'aux créatures de l'arche de Noé. Le peintre Elstir décrira des scènes de la Vierge que Marcel a eu l'occasion de voir à Laon, et comparera les femmes qu'il admire aux figures de la Renaissance italienne.

Plus tard au cours de 1902, Proust se rend à Bruges pour une exposition de maîtres flamands, puis en Hollande, en compagnie de Fénelon, où il contemple pour la première fois le tableau de Vermeer intitulé *Vue de Delft*, tableau qu'il reverra à Paris peu de temps avant sa mort. C'est devant cette même toile que le Bergotte de la *Recherche*, lors d'une visite au musée, succombera à un malaise cardiaque.

À la fin de 1902, Fénelon, entré dans la diplomatie, obtient un poste à Constantinople ; Proust confesse alors qu'il vit des « heures vraiment désespérées ».

CHAPITRE 7

Au moment où Proust achève sa traduction de Ruskin et les essais qui portent sur ce philosophe, son univers familial et sa routine domestique, jusqu'alors stables et sécurisants, ont subi des bouleversements importants. Le 2 février 1903, son frère Robert a épousé Marthe Dubois-Amiot. Le 26 novembre de la même année, son père meurt, le lendemain de la naissance de sa petite-fille Suzy. Deux ans plus tard, le 26 septembre 1905, sa mère succombe à la néphrite qui la faisait souffrir depuis quelque temps déjà. Elle n'a que 56 ans. Comme le confie Proust : « Ma vie a désormais perdu son seul but, sa seule douceur, son seul amour, sa seule consolation. » Plus tard, il dira : « Maman a emmené en mourant le petit Marcel. » Veut-il signifier par là qu'à la mort de sa mère, le dandy immature et oisif s'est éteint en même temps qu'elle, pour faire place à un homme de volonté, un sage, un ascète ?

L'immense douleur engendrée par ce deuil demeurera toujours très vive chez Proust. Il sera pourtant l'auteur de ces lignes : « Il y a dans ce monde où tout s'use, où tout périt, une chose qui tombe en ruine, qui se détruit encore plus complètement, en laissant encore moins de vestiges que la Beauté : c'est le Chagrin. » Mais cette froide lucidité ne l'empêchera pas d'exceller dans l'art de rédiger des lettres de condoléances réconfortantes (ou à tout le moins extraordinairement compréhensives), en prêtant à chacune quelque chose de la profonde affliction qu'il a lui-même éprouvée à la mort de ses parents.

Peu de temps avant son décès, Mme Proust a consenti malgré ses réticences à se laisser photographier ; dans *À la recherche du temps perdu*, la grand-mère du narrateur se résout au même geste, afin de laisser à son petit-fils éploré une dernière image d'elle. Notons au passage que l'écrivain attribue au personnage de la mère le désappointement que dans la vraie vie son manque de discipline causait à sa propre mère, tandis que chez le personnage de la grand-mère on retrouve la tendresse, l'amour inconditionnel que Mme Proust vouait à son fils en dépit de ses défauts. Comme il le concède lui-même, le plus grand de tous les vices, c'est « le manque de volonté qui empêche de résister à aucun ». Très attaché à ce souvenir, Marcel contemplera souvent la photographie de sa mère, comme il aime consulter sa collection de photographies chaque fois qu'il prend la plume.

Par quel étrange phénomène le petit Marcel — le dandy, le mondain, qui à l'âge de 34 ans n'a rien produit d'autre qu'un mince recueil d'histoires et deux traductions de Ruskin — devient-il le grand Proust, l'auteur de l'un des plus longs et des plus remarquables romans de tous les temps? Cela restera sans doute un mystère. Un indice de ce qui incite le jeune écrivain à sans cesse différer la rédaction de son roman nous est toutefois fourni vers la fin de la *Recherche*: «Sans doute ma paresse m'ayant donné l'habitude, pour mon travail, de le remettre jour par jour au lendemain, je me figurais qu'il pouvait en être de même pour la mort.» Tout comme l'homme superstitieux qui refuse de rédiger son testament par crainte inavouée de signer du même coup son arrêt de mort, Proust s'imagine qu'en retardant le moment de se mettre à l'œuvre, il repousse l'échéance de ses jours.

Ses atermoiements s'expliquent aussi par l'immense ambition qu'il nourrit: rivaliser avec Balzac dans sa peinture de la société parisienne, tout en narrant le parcours intime de l'évolution artistique et spirituelle d'un jeune homme. Mener à bien un tel projet exige de l'écrivain qu'il maîtrise les multiples facettes de son art — qu'il s'agisse de brosser le portrait d'un excentrique avec la sûreté d'un Dickens ou d'atteindre une profondeur psychologique comparable à celle des grands auteurs russes —, ce que Proust ne pourra espérer accomplir avant la fin de la trentaine.

Entre-temps, les circonstances de sa vie concourent à l'y préparer, car si sa sociabilité innée lui permet d'acquérir la connaissance du monde dont il a besoin pour l'aspect « fresque » de son roman, les heures de souffrance qu'il endure dans la solitude le font accéder à un degré inégalé d'introspection, ce dont témoigneront les magnifiques pages de la *Recherche* consacrées à l'analyse des passions. Proust est l'un des rares écrivains du xxe siècle qui possède une compréhension globale du fonctionnement de la société et s'en tient suffisamment à l'écart pour l'examiner et la décrire avec objectivité. Au demeurant, son désir de prouver que sa longue période de préparation n'a pas été en pure perte l'aiguillonne à réaliser un travail de vastes proportions.

Enfin, la fortune dont il dispose maintenant lui donne la liberté dont il a besoin pour s'engager dans cette voie rien moins qu'incertaine. De leur vivant, ses parents surveillaient de près ses dépenses et n'acceptaient qu'à contrecœur d'éponger les frais des dîners mondains qu'il organisait chez eux ; la pension qu'ils lui allouaient ne lui permettait pas de prendre un appartement. Dans les lettres que Marcel écrit à sa mère tandis qu'il séjourne dans une station balnéaire, il comptabilise le coût de chaque repas, de chaque bouquet offert, de chaque trajet en fiacre ; sa solitude d'alors était due non pas tant à la maladie qu'à un manque d'argent. Jeune homme, Proust se permettait parfois un geste tape-à-l'œil (inviter Mme Straus et son fils à l'opéra, par exemple) mais il devait ensuite se priver pendant quelque temps des petites sorties dont se nourrissent habituellement les amitiés.

Trois mois après le décès de sa mère, il apprend que son héritage représente une somme équivalant à environ six millions de dollars américains, dont un revenu mensuel de 15 000 dollars. Robert reçoit le même montant. Les héritiers sont tous deux ahuris de constater que leurs parents disposaient d'une telle fortune alors qu'ils avaient toujours allégué la pauvreté et dépensé avec parcimonie. Même s'il se trouve maintenant à l'abri des soucis financiers, Proust craint constamment de se retrouver au bord de la faillite, dénouement fort improbable mais qu'il donne l'impression de vouloir provoquer tant il se montre prodigue de cadeaux somptueux pour ses amis : toiles, vases Gallé, montres et étuis à cigarettes incrustés de pierres précieuses, et même un aéroplane, dont il annulera finalement la commande après la mort subite de celui à qui il était destiné, son chauffeur Agostinelli (dans la *Recherche*, le Narrateur proposera à Albertine de lui acheter un yacht). Auprès de ses amis, Proust s'avère un excellent conseiller pour les questions d'amour, d'argent et de santé ; malheureusement, quand il doit à son tour prendre des décisions dans ces domaines, il ne fait aucun cas des avis qu'il a sollicités de sa propre initiative. Malgré nombre d'investissements

ruineux, il refuse d'écouter son banquier. Il se porte acqué-
reur quand les actions sont à la hausse et les revend ensuite
à la baisse. Bien souvent, il se laisse tenter par des place-
ments au nom évocateur (le «Chemin de fer du Tanga-
nyika», les «Mines d'or d'Australie») qui se substituent
aux voyages exotiques qu'il aurait aimé entreprendre. Il
porte des habits défraîchis, mais invite des groupes d'amis
au Ritz. Ses pourboires excèdent régulièrement le total de
l'addition, parfois du double. Une célèbre anecdote veut
qu'après avoir emprunté une grosse somme au portier du
Ritz, Proust la lui ait aussitôt rendue en pourboire. Il ne
cherche à collectionner ni les œuvres d'art ni les livres, ne
s'intéresse ni aux vêtements ni aux meubles. En un mot, il
tient à la fois du noceur et du moine.

Le domicile de ses parents lui semble trop grand, trop
dispendieux, et trop rempli de souvenirs. Comme il l'écrit
à une amie: «Je suis allé dans certaines pièces de l'appartement où le hasard fait que je n'étais pas retourné et j'ai
exploré des parts inconnues de mon chagrin qui s'étend
toujours plus infini au fur et à mesure que j'y avance. Il y
a certain parquet près de la chambre de Maman où l'on ne
peut passer sans le faire crier, et Maman qui aussitôt l'en-
tendait me faisait avec la bouche le petit bruit qui signifie:
viens m'embrasser. »

Le 26 décembre 1906, il emménage donc au 102, boulevard Haussmann, dans l'ancien appartement de son

grand-oncle Louis Weil. À son décès, Proust a hérité du quart de l'immeuble, part qu'il accepte de revendre à sa tante. Il est donc simple locataire et à ce titre il n'a ni droits ni recours, situation qui jouera en sa défaveur ultérieurement. Voilà un autre exemple de son manque d'esprit pratique, quoiqu'en toute justice il faille préciser qu'au moment de sa décision Proust songe sérieusement à quitter Paris pour s'installer à la campagne (mais « pas dans les arbres », insistera-t-il à cause de son asthme).

L'appartement lui-même convient assez mal à un écrivain qui souffre d'asthme et que le bruit indispose, puisqu'il est à proximité du Printemps et de la gare Saint-Lazare sur l'une des principales artères du nouveau Paris, d'où montent le vacarme et la poussière de la circulation, mais aussi le pollen des marronniers qui déclenche chez Proust de violentes crises d'étouffement. Mais le six-pièces de son grand-oncle l'attire, car il y est maintes fois venu dîner avec sa mère et ne peut envisager d'habiter un lieu qu'elle n'a pas connu. Peut-être apprécie-t-il également la vue qu'il a sur la mélancolique Chapelle expiatoire érigée à la mémoire de Louis XVI.

Pour insonoriser sa chambre, où il écrit, il en recouvrira les murs de liège en 1910, reprenant une idée d'Anna de Noailles qui elle-même l'avait empruntée au célèbre dramaturge Henry Bernstein, un autre martyr du bruit. C'est dans cette pièce que Proust fait ses fumigations de poudre

Legras, dont l'odeur s'infiltre chez les voisins qui ne tar-
dent d'ailleurs pas à s'en plaindre. De lourdes tentures
masquent les fenêtres en permanence. Toutes les mesures
sont prises pour bannir la lumière, le bruit et surtout la
poussière. Quand Proust ira passer ses vacances d'été an-
nuelles à Cabourg, il retiendra les services de professionnels qui nettoieront l'appartement de fond en comble,
époussetant livres, cadres, housses et corniches. La banque
qui occupe actuellement l'immeuble a restauré le logement, qu'elle ouvre aux visiteurs une fois par semaine.
Mais il faut admettre qu'il n'y a jamais eu grand-chose
d'impressionnant à voir dans l'antre de cet écrivain qui
redoute les accessoires ramasse-poussière et souhaite que
son environnement ressemble à celui d'un hôpital. Il a
donc simplement gardé une partie du mobilier sombre et
massif qui appartenait à ses parents.

C'est dans cet appartement peu attrayant que Proust
rédigera la majeure partie de la *Recherche*. La rédaction de
ce livre monumental prend tout d'abord la forme d'un
dialogue platonicien avec sa mère au sujet de Charles-
Augustin Sainte-Beuve, le critique littéraire du xixᵉ siècle
dont les idées hérissent Proust. La célébration du cente-
naire de la naissance de Sainte-Beuve (né le 23 décembre
1804) stimule tout particulièrement sa réflexion. En des
termes fort enthousiastes, les panégyristes contemporains
prétendent en effet que la réputation du critique est main-

tenant inattaquable, affirmation qui irrite doublement Proust, dont l'avis est tout autre.

Sainte-Beuve est le père de la méthode biographique ; selon lui, on ne doit pas même commencer à lire un auteur, Balzac par exemple, ni à plus forte raison évaluer son œuvre, sans d'abord connaître tout ce qui le concerne : sa vie, sa correspondance, ses journaux intimes, ce qu'ont dit de lui ses amis et ses proches. Les vues de l'écrivain sur la religion et sur la nature, son comportement avec les femmes, son attitude envers l'argent, les riches, les pauvres, tout cela a également une grande importance. « Quel était son régime, sa manière de vivre journalière ? Quel était son vice ou son faible ? Aucune des réponses à ces questions n'est indifférente pour juger l'auteur d'un livre et le livre lui-même […]. » La première objection de Proust à l'égard de cette méthode est qu'elle conduit Sainte-Beuve à gravement sous-estimer trois des plus grands écrivains de son époque : Stendhal, Baudelaire et Nerval.

Comme Sainte-Beuve a personnellement connu Stendhal, il prétend que Henri Beyle, de son vrai nom, aurait été le premier étonné de voir la renommée dont il jouit. Pareille ineptie, due à une interprétation abusive de la modestie de Stendhal, a de quoi faire frémir Proust. Pour lui, le talent d'un critique se mesure à son habileté à juger ses contemporains, l'importance relative des auteurs du passé faisant généralement consensus. Le deuxième argument de Proust

contre la méthode de Sainte-Beuve est lié à sa conviction
que chez tout artiste coexistent deux entités : un être social,
qui fréquente le monde, courtise les femmes et fraye avec
les critiques, et un créateur, capable d'inventer musique,
peinture, prose ou poésie. Ces deux êtres sont bien
distincts : « Un livre est le produit d'un autre moi que celui
que nous manifestons dans nos habitudes, dans la société,
dans nos vices. » Mais s'il estime que la vie ne peut expliquer l'œuvre, il est néanmoins fasciné par les biographies
d'artistes. En fait, il ne rejette pas la biographie comme
forme littéraire ; c'est à la critique biographique qu'il est
hostile.

Avec sa procrastination coutumière, Proust, alité et
perdu dans les vapeurs de ses fumigations, réfléchit aux
divers aspects que prendra son attaque contre Sainte-Beuve
sans rien encore commettre par écrit. Comme il le confie
à Lucien Daudet : « Quand je me lis et surtout quand j'écris
— (car je ne me lis jamais) — (il est vrai que je n'écris
jamais non plus) […] je trouve que je n'ai pas de talent,
que je n'ai pas su, pour bien des raisons, me faire le talent
de mes dons, que mon style a pourri sans mûrir. »

En vérité, il est bien trop malade pour travailler. Il peut
avoir jusqu'à dix crises d'asthme par jour, et souvent il est
trop faible ne serait-ce que pour aller d'une pièce à l'autre.
Sa santé est toujours chancelante en décembre 1908 alors
qu'il annonce à Georges de Lauris : « Je vais écrire quelque

chose sur Sainte-Beuve. J'ai en quelque sorte deux articles bâtis dans ma pensée (articles de revue). L'un est un article de forme classique. L'autre débuterait par le récit d'une matinée, Maman viendrait près de mon lit et je lui raconterais un article que je veux faire sur Sainte-Beuve. Et je le lui développerais. » Il ajoute qu'avec toutes les choses qu'il veut dire, il a l'impression que son esprit est aussi lourd qu'une malle pleine. Trois mois plus tard, il n'a toujours pas commencé à rédiger ni l'un ni l'autre de ces articles.

Dans une lettre datant de cette époque, les projets qu'il énumère comprennent : une étude sur la noblesse ; un roman parisien ; un essai sur Sainte-Beuve et Flaubert, un autre sur les femmes et un troisième sur la pédérastie. Sont également mentionnés des articles sur les pierres tombales, sur les vitraux et enfin, une étude sur le roman. Il est capital de souligner qu'au début, Proust conçoit son monument comme étant composé de *plusieurs* livres, surtout des essais. Ce n'est que petit à petit qu'il s'apercevra qu'il peut réunir tous ces sujets disparates en un seul ouvrage, qui ne sera ni mémoires, ni essai, ni pastiche, mais bien roman. Il a toujours été attiré par les écrivains qui mêlent les genres, admirant par exemple les poèmes en prose de Baudelaire ou la part autobiographique de l'*Éducation sentimentale* de Flaubert. Toutefois, là où Proust se distingue de ses prédécesseurs, c'est dans l'envergure de son projet, une narration à la première personne qui offrira non seulement une extraordinaire analyse de l'âme humaine, mais également un vaste panorama de la société, ouvrage aussi profond qu'ambitieux.

CHAPITRE 8

EN JUIN 1908, PROUST est en pleine rédaction. En juillet, il écrit à son ancien camarade de lycée Robert Dreyfus : « Il y a plus de soixante heures que je n'ai pas — je ne dirai pas même dormi — mais éteint mon électricité. » De toute évidence, il a mis de côté l'essai classique sur Sainte-Beuve auquel il songeait pour se consacrer à la version romancée du projet, le récit d'une matinée passée en compagnie de sa mère à discuter du critique. Même à Cabourg, où il se rend à la fin du mois d'août, il s'enferme dans sa chambre pour écrire. Déjà, il s'inquiète de la publication de ce manuscrit qu'il juge lui-même « obscène », indice que le roman a dépassé le stade de la discussion polie entre une mère et son fils. Comme il l'expliquera à un éditeur dans une lettre marquée « confidentielle et assez urgente » : « Je termine un livre qui malgré son titre provisoire, *Contre Sainte-Beuve, Souvenir d'une matinée* est un véritable roman et un roman extrêmement impudique en certaines parties. Un des principaux personnages est un homosexuel [...]. Le nom de Sainte-Beuve ne vient pas par hasard. Le livre finit bien par une longue conversation sur Sainte-Beuve et l'esthétique.» *À la recherche du temps perdu* se conclura aussi par une longue méditation sur l'esthétique (plutôt qu'un dialogue), mais Proust y aura intégré ses idées sur Sainte-Beuve bien avant la fin du roman : en faisant du compositeur plein d'audace qu'est Vinteuil un homme terne et effacé dans la vie privée, par exemple, il contredit la théorie du critique selon laquelle l'œuvre et la personnalité d'un individu concordent nécessairement. Soulignons également que l'homosexualité et le lesbianisme, thèmes auxquels Proust consacrera près du quart de la *Recherche*, sont présents dès la conception du roman ; très tôt aussi, il sait que le choix de ces thèmes pourrait condamner le livre à ne jamais être publié.

Bien qu'il n'ait que 38 ans, Proust sent que ses jours sont comptés. Très malade, il dépense pour se soigner environ 20 000 dollars par an en médicaments. Comme il l'écrit : «On ne se considère plus que comme le dépositaire, qui peut disparaître d'un moment à l'autre, de secrets intellectuels, qui disparaîtront avec lui, et on voudrait faire échec à la force d'inertie de la paresse antérieure, en obéissant à ce beau commandement du Christ dans saint Jean : "Travaillez pendant que vous avez encore la lumière."» Au cours des 14 prochaines années, le sentiment d'être un mort en sursis ne le quittera jamais.

Même si le travail l'occupe, Proust ne mène pas encore une vie de reclus. En 1908, il fréquente toujours la société, en partie pour continuer à documenter son roman. Ainsi, à Cabourg, il s'attache à étudier l'actrice Lucy Gérard et les deux filles du vicomte d'Alton, qui serviront de modèles aux jeunes filles d'*À l'ombre des jeunes filles en fleurs*, ce qui ne l'empêche pas par ailleurs de suivre d'un œil exercé les ébats de quelques jouvenceaux à qui il adresse de tendres lettres.

Selon Henri Bonnet, auteur de *Marcel Proust de 1907 à 1914*, cette petite bande d'adolescents que Marcel rencontre à la plage et observe avec une fascination fiévreuse a directement inspiré la description du groupe indifférencié des jeunes filles en fleurs. Les carnets de l'écrivain témoignent clairement des transpositions effectuées. Ainsi, le Narrateur des *Jeunes filles*, d'abord impressionné quand il voit Andrée sauter par-dessus un vieux monsieur assis sur un pliant à la plage, ne s'y intéresse plus lorsqu'il apprend qu'elle est aussi neurasthénique que lui et qu'elle est devenue athlétique par ordre du médecin. Dans un de ses cahiers toutefois, Proust écrit : « Je me suis lié avec un sportman éminent qui me semblait mon pôle contraire et dont la fréquentation serait pour mes nerfs surmenés une cure de calme et il me dit que s'il faisait tant de sport c'était pour soigner sa neurasthénie. »

Entre tous, son favori est Marcel Plantevignes, un jeune homme de 19 ans qui vient tous les jours lui tenir compagnie dans sa chambre et l'écouter lui faire la lecture de son roman, jusqu'à ce qu'un après-midi une femme à l'esprit malicieux mette Plantevignes en garde contre les «mœurs spéciales» de l'écrivain. Celui-ci entre dans une grande colère quand il apprend que son ami n'a pas répliqué à l'accusation, et il décide de provoquer le père du fautif en duel, geste qui est devenu un réflexe chaque fois que Proust imagine son honneur compromis. Comme il omet de préciser la nature de l'offense, le pauvre Plantevignes n'a pas la moindre idée des torts qu'on lui attribue. Même les témoins de Proust (le vicomte d'Alton, notamment) ne parviennent pas à le prendre au sérieux, d'autant plus qu'il a déjà signifié son intention de tirer dans les airs, au-dessus de la tête de son adversaire; c'est «un duel d'une opérette d'Offenbach», s'esclaffent-ils.

Finalement, à mots couverts, Proust fait part de ce qui l'a offensé; comme Plantevignes se le remémorera des années plus tard:

> Je revis soudain la scène rapide, — cette rencontre sur la digue avait été si fuyante et fortuite que je n'y avais jamais songé… C'était une femme fort taquine, qui taquinait souvent Proust sur ce sujet et qui, me rencontrant sur la digue, m'avait de nouveau arrêté pour me mettre en garde et lancer sa terrible insinuation:

«Je sais, je sais, Madame, ce que vous allez me dire, avais-je répondu rapidement, mais pour moi cela n'a aucune importance... Excusez-moi, Madame, au revoir, je suis très pressé...» Et je m'étais enfui au plus vite.

La demoiselle s'était ensuite empressée de rapporter à Proust que Plantevignes était du même avis qu'elle et qu'il avait répondu: «Oui, je suis bien au courant, mais cela m'est égal...» Quand Proust finit par interroger son ami sans détour et lui demande comment il savait ce que son interlocutrice allait dire, l'autre répond, exaspéré: «Parce que c'est ce que tout le monde murmure sur la digue.» Sidéré, Proust digère la nouvelle en silence, puis note avec sarcasme: «Comme c'est charmant d'arriver ainsi dans un pays précédé de sa réputation! ...»

Plantevignes lui assure alors que ni lui ni ses parents n'accordent foi aux rumeurs, ce qui contribue à lénifier Proust, mais l'écrivain lui fait tout de même jurer de ne parler à personne de leur amitié. Puis les deux amis s'échangent un regard joyeux: «Et notre enthousiasme commun et délivré subitement de toute gêne en devenait si puéril et comique, conclut Plantevignes, que nous éclatâmes de rire en même temps du même grand éclat de rire qui achevait de noyer notre séparation récente dans un dénouement fastueux de joie.»

Proust se remet alors, et avec le même ravissement, à fréquenter ce jeune homme, cet esprit «encore en fleur»,

comme il le décrit dans une lettre. L'expression, qui préfigure le titre d'*À l'ombre des jeunes filles en fleurs*, lui aurait
été suggérée par Plantevignes lui-même, bien qu'il admît
qu'elle avait une nette résonance « fin de siècle ».

En 1909, vers la mi-août, Proust communique avec un
éditeur et lui envoie son livre, qu'il a pratiquement terminé
et qu'il présente comme un roman. La description qu'il en
fait rappelle la *Recherche* par certains aspects, mais en
beaucoup plus court et avec seulement quelques-uns des
épisodes et des thèmes qui figureront dans l'œuvre définitive. Il s'agit pour l'instant d'un roman d'environ 300 pages
(au lieu des 4300 qu'il comptera à terme), qui doit être
complété par une conversation de 150 pages sur Sainte-
Beuve.

Fort heureusement pour nous, l'éditeur lui oppose un
refus. Quand avorte également son projet de publier le
roman sous la forme d'un feuilleton dans *Le Figaro*, Proust
interrompt ses démarches et reprend la plume ; durant les
trois prochaines années, il travaillera sans chercher à être
publié. Au départ, il n'avait pas prévu d'écrire *Un amour de
Swann*, qui constitue les quatre cinquièmes du premier
volume de la *Recherche*. L'histoire initiale s'ouvrait avec
Combray, c'est-à-dire avec le récit des étés que le Narrateur, enfant, a passés dans la famille de son père, pour se
poursuivre avec une description de ses jeux aux Champs-
Élysées avec Gilberte Swann, dont il tombe amoureux à

l'adolescence. Mais quand paraît finalement *Du côté de chez Swann* en novembre 1913, la majeure partie de l'ouvrage est consacrée à une histoire qui se déroule avant la naissance du Narrateur et pendant son enfance. C'est l'histoire de Charles Swann — Juif, esthète et homme du monde à l'instar de Proust — qui prend pour maîtresse Odette. Au début, elle lui est presque indifférente, mais bientôt l'amateur d'art qu'il est lui trouve mille grâces. D'abord, parce qu'il se rend compte qu'elle ressemble à un modèle de Botticelli; ensuite, parce qu'il l'associe à un passage d'une sonate de Vinteuil, la «petite phrase» hypnotique qu'un pianiste joue pour eux et qui en vient à symboliser leur amour. Mais sa passion naît véritablement le soir où, désemparé, il part à la recherche d'une Odette introuvable (dans une scène qui rappelle les efforts angoissés de Proust pour retrouver Reynaldo Hahn).

La liaison entre Swann et Odette a pour toile de fond le salon de Mme Verdurin, femme de la riche bourgeoisie qui prétend être d'une sensibilité telle que la trop belle musique l'indispose, et qui traite d'«ennuyeux» tous les aristocrates dont elle sait qu'ils refuseront ses invitations. À plusieurs égards, Mme Verdurin rappelle la tyrannique Mme Lemaire, qui accueillit chez elle Marcel et Reynaldo sans se formaliser de la nature de leurs rapports.

Un amour de Swann met de l'avant l'idée que l'amour n'est jamais réciproque, thème qui resurgit plus loin dans la *Recherche*, lorsque le Narrateur s'éprend d'Albertine. Des épisodes comiques y alternent avec des moments d'intense introspection, alternance qui caractérisera d'ailleurs les sept volumes. Proust y oppose Swann, un écrivain raté, et le Narrateur qui, malgré une vocation tardive, finit par devenir un écrivain accompli — le génie à qui l'on doit le chef-d'œuvre que l'on a sous les yeux. Parmi les raisons suggérées pour expliquer l'échec de Swann, l'auteur mentionne la valeur excessive qu'il accorde à l'amitié, sa frivolité, et surtout son « idolâtrie », cet amour du collectionneur pour les beaux objets, les belles femmes, les beaux tableaux — en d'autres mots, son attachement immodéré aux Choses éphémères plutôt qu'aux Idées éternelles qui se cachent derrière elles et que seule la mémoire involontaire permet de ressaisir, étape indispensable à leur inscription dans de grandes œuvres littéraires.

Depuis la rédaction de *Jean Santeuil*, Proust a compris qu'il pouvait développer un thème, le laisser de côté, puis le reprendre en le traitant sous un angle différent. Il ne se croit plus tenu d'épuiser d'emblée son sujet, ni de définir une fois pour toutes son point de vue sur ses personnages et sur les questions qu'il soulève. Dorénavant, c'est au gré des rebondissements de l'intrigue que se précisent les impressions du Narrateur. Il a également appris à présenter certains personnages d'une manière indirecte; ainsi, bien avant l'entrée en scène de Charlus, le lecteur sait par ouï-dire que le baron est un coureur de jupons, un homme archiviril qui méprise les homosexuels, et qu'il est l'amant d'Odette, rumeurs en réalité sans fondement. Au fur et à mesure que progresse la *Recherche*, le Narrateur s'étonne des contradictions de Charlus, qui se montre tantôt d'une extrême gentillesse, tantôt d'une insupportable (et incompréhensible) grossièreté. Puis, vers le milieu du roman, le Narrateur le surprend en train de lancer des œillades au tailleur Jupien, qui se montre réceptif à ses avances. Cet élément nouveau concernant la sexualité du baron explique également son étrange attachement pour Morel, violoniste de talent mais homme cruel et ingrat. Le masochisme de Charlus devient encore plus clair durant la Première Guerre, quand un soir de raids aériens le Narrateur trouve refuge dans ce qui s'avère un bordel homosexuel et dont le propriétaire n'est nul autre que Jupien. Il y voit Charlus, enchaîné sur un lit, se faire battre par un des employés de l'établissement. L'humiliation sexuelle que recherche le baron alterne avec ses démonstrations d'arrogance dans la haute société jusqu'à ce qu'à la fin de sa vie, le vieil homme qu'il est devenu, toujours accompagné de son fidèle Jupien, salue tous ceux qu'il croise par crainte de snober quelqu'un d'important qu'il n'aurait pas reconnu.

Comme le montre le traitement de ce personnage, Proust s'est doté d'une méthode qui tombe à mi-chemin entre celle de Charles Dickens et celle de Henry James. Dickens confère

à ses personnages un ou deux traits mémorables, parfois
désopilants, qu'ils manifestent chaque fois qu'ils entrent en
scène; James, au contraire, nuance tant et si bien ses portraits qu'il finit par les rendre flous. Chez Proust, les prota-
gonistes prennent à tout moment un fort relief à la Dickens
— Charlus, celui d'une reine enragée puis celui d'un roi
brisé — mais, par ailleurs, construits patiemment à partir
d'images composites, ils atteignent plus magistralement encore à cette complexité que James recherchait. On songe à la
vieille querelle des peintres quant à la primauté du dessin
ou du modelé. Dickens excelle dans les contours, mais ses
portraits manquent de profondeur. James est un maître du
clair-obscur, mais rien ne distingue nettement ses personnages les uns des autres (c'est plus particulièrement vrai de
ses derniers romans). Proust, en revanche, réussit à décrire
ses personnages avec la même étonnante simplicité que
Dickens, mais de plus il leur apporte subtilité, mouvement
et vie, en nous offrant une succession d'instantanés au long
de centaines de pages. À cet égard, son style fonctionne un
peu à la manière de la lanterne magique qui émerveille le
Narrateur dans sa jeunesse. Sous l'effet de la chaleur, la
lampe tourne et projette sur le mur des images qui donnent l'illusion du mouvement. De même, la projection
d'une série de portraits d'un même personnage permet à
Proust de faire sentir au lecteur l'évolution de ce personnage dans le temps et sa vérité psychologique.

Doté d'un esprit satirique et disposé à l'appliquer à ses propres travers, Proust confère volontiers sa maussaderie à Charlus, son extrême jalousie à Swann et son snobisme à la duchesse de Guermantes ; loin de s'en tenir à une simple description de ces traits de caractère, il les montre à l'œuvre dans des incidents tirés de la réalité.

Au cours des années 1909-1911, Proust entreprend de récrire le premier volume de son roman. *Récrire* signifiant dans son cas *allonger*, il met au point une méthode de travail qui lui permet de continuellement ajouter des détails à l'ouvrage. Tout d'abord, il l'étoffe au moment même où il le dicte au sténographe. Il fait ensuite composer le manuscrit chez l'imprimeur (qui exécute en somme une tâche de traitement de texte) puis, à la réception des épreuves, souhaitant enrichir un passage particulier, établir un lien entre tel et tel personnage, entre telle et telle scène, etc., il écrit copieusement dans les marges. Les ajouts sont parfois si nombreux qu'il doit insérer des pages supplémentaires. Le coût de la recomposition, exorbitant, ne l'effraie pas. Lui qui aime retoucher plusieurs parties du livre en même temps, à la manière de ces peintres qui préfèrent maintenir leur toile « en mouvement » plutôt que la peaufiner section par section, aurait certainement apprécié un logiciel de traitement de texte, et ce peut-être plus que tout autre écrivain de sa génération.

En 1910, il travaille à ce qui deviendra *Du côté de chez Swann* et *Le côté de Guermantes*. L'année suivante, il structure son roman en deux grandes parties, *Le temps perdu* et *Le temps retrouvé*. La rédaction l'accaparant de plus en plus, ses articles se font rares et ses sorties presque inexistantes. Quelquefois cependant, sa passion pour les arts le décide à assister à un concert, un ballet, ou un opéra, ou encore à visiter un musée ; à cette époque, l'attirent tout particulièrement les Ballets russes, dont l'imprésario Serge Diaghilev est le directeur, et Nijinski, son amant, le danseur-étoile. Après avoir assisté à la première du *Sacre du printemps*, il dîne au restaurant en compagnie de Diaghilev, Nijinsky, Stravinsky et Cocteau, ami de fraîche date. Quand le grand imprésario russe demandera à Reynaldo Hahn de composer la musique pour le ballet *Le Dieu bleu*, Proust en pleurera d'émotion, touché de l'honneur qui revient à son ami.

En 1911, il s'abonne au théâtrophone, nouveau service qui permet aux usagers de suivre les spectacles de l'Opéra de Paris transmis en direct par le téléphone. Grâce à ce système, Proust fait l'audition du troisième acte de *Die Meistersinger* de Wagner, et de *Pelléas et Mélisande* de Debussy (avec Maggie Teyte dans le rôle de Mélisande). Voyant les années qui passent, parfois habité par le découragement ou la crainte de ne jamais terminer son œuvre, il lui arrive de la comparer à une cathédrale gothique perpétuellement inachevée ou encore au long cycle des quatre opéras de Wagner, *L'anneau de Nibelung*. La richesse et l'intensité de Wagner séduisent Proust, davantage que le subtil pouvoir évocateur de Debussy.

Lui plaît particulièrement la façon dont Wagner « expectore tout ce qu'il contient de près, de loin, d'aisé, de difficile sur un sujet ». De même affectionne-t-il en littérature l'ampleur et l'abondance de détails, qualités qu'il oppose favorablement à la sobriété presque avare du style néoclassique que pratiquent Anatole France et même André Gide. Plus important encore, de l'avis de certains critiques, l'opéra *Parsifal* aurait servi de modèle à la *Recherche*. En effet, les deux œuvres relatent la quête d'un jeune homme, quête du Saint-Graal dans la première, du secret de la littérature dans la seconde. Les jeunes filles en fleurs de Proust rappellent les filles-fleurs de l'opéra wagnérien, le clan des Guermantes (qui a de lointaines origines allemandes) s'apparente à l'Ordre des Chevaliers du Graal que dirige Gurnemanz, et ainsi de suite.

En 1912, Proust a accumulé 1200 pages et s'apprête à envoyer chez des éditeurs ce qui s'intitulera *Du côté de chez Swann*. Cette première partie, qui compte 712 pages, a été préparée par Albert Nahmias, jeune homme d'une belle intelligence que l'écrivain emploie à titre de secrétaire et qui n'a pas hésité à noter, dans les marges des innombrables cahiers de Proust, ses remarques sur les scènes qu'il a retranscrites. Proust éprouve à son égard une affection certaine, comme en témoigne cet extrait de lettre : « Que ne puis-je changer de sexe, de visage et d'âge, prendre l'aspect d'une jeune et jolie femme pour vous embrasser de tout mon cœur. » Le personnage d'Albertine doit son nom à Albert Nahmias ; toutefois, quand quelqu'un demandera à ce dernier s'il en était le modèle, il répondra modestement : « Nous étions plusieurs. » Proust le confirme, précisant que, parmi ceux qui ont inspiré le personnage, certains échappent maintenant à sa mémoire, car pour lui « un livre est un grand cimetière où sur la plupart des tombes on ne peut plus lire les noms effacés ». Cette pluralité de modèles explique peut-être pourquoi Albertine reste insaisissable alors que plus de pages lui sont consacrées qu'à tout autre personnage (son nom apparaît 2360 fois). Même l'emplacement de son grain de beauté varie, migrant de la lèvre au menton, puis du menton jusqu'au dessous de l'œil. Comme le note Julia Kristeva dans son ouvrage incisif *Le temps sensible*, ces jeunes femmes de Cabourg ne sont jamais perçues dans leur individualité, mais vont toujours par groupe ou par « essaim ». Après avoir décrit un geste d'Andrée, l'écrivain peut tout aussi bien l'attribuer à Gisèle 500 pages plus loin.

Proust s'absorbe tant dans son travail que bientôt sa vie devient le miroir de son art. Quand Albert Nahmias manque leur rendez-vous un soir de 1912 à Cabourg, Marcel lui envoie une lettre qui fait écho au type de déclarations que Swann sert à Odette : « Moi qui ai eu pour vous une affection vive, cela me donne envie tantôt de bâiller, tantôt de pleurer, tantôt de me noyer. » Le froid entre eux ne dure cependant pas, et bientôt Nahmias se remet à la tâche avec l'aide d'une jeune dactylo anglaise, à Cabourg puis à Paris.

Le 28 octobre 1912, grâce à l'intervention de puissants intermédiaires, le roman parvient à l'éditeur Fasquelle, choix qui ne va pas sans étonner puisque sa maison a publié les grands naturalistes que sont Flaubert, Zola et les frères Goncourt. Proust explique avoir eu l'espoir de rejoindre un public plus vaste, les gens « qui prennent le train et achètent avant de monter dans le wagon un volume mal imprimé ». Le 24 décembre, le manuscrit lui est retourné, et le rapport de lecture indique ceci : « Au bout de sept cent douze pages de ce manuscrit [...] on n'a aucune, aucune notion de ce dont il s'agit. Qu'est-ce que tout cela vient faire ? Qu'est-ce que tout cela signifie ? Où tout cela veut-il mener ? — Impossible d'en rien savoir ! Impossible d'en pouvoir rien dire ! »

Sans même attendre la réponse de Fasquelle, Proust s'est mis en contact avec la jeune maison d'édition qui publie la prestigieuse *Nouvelle Revue Française* et qui sera bientôt connue sous le nom des Éditions Gallimard. Trois brillants hommes de lettres, André Gide, Jacques Copeau et Jean Schlumberger, en sont les fondateurs, tandis que

Gaston Gallimard a charge de l'administration. Proust s'est abonné à la revue en 1911 et admire plusieurs de ses collaborateurs, notamment Valéry Larbaud et Paul Claudel. Afin d'y être publié, il va jusqu'à offrir d'assumer les coûts de production, et prend la peine de prévenir le patricien fort sensible qu'est Gallimard de la présence d'un pédéraste dans le second tome (le dernier, pense-t-il alors) : « C'est un caractère que je crois assez neuf, le pédéraste viril, épris de virilité, détestant les jeunes gens efféminés, détestant à vrai dire tous les jeunes gens, comme sont misogynes les hommes qui ont souffert par les femmes. — Le point de vue métaphysique et moral, il est vrai, prédomine partout dans l'œuvre ; mais enfin on voit ce vieux monsieur enlever un concierge et entretenir un pianiste. » Quoique le pianiste deviendra un violoniste et le concierge un tailleur, Proust décrit avec précision le personnage que nous connaîtrons sous le nom du baron de Charlus et qui pour l'instant se nomme Monsieur de Fleurus ou de Guray.

Encore une fois, une déception l'attend. Le comité de lecture présidé par Gide semble ne pas même avoir lu le manuscrit, encore moins préparé un rapport. La réputation qu'a Proust d'être un mondain, un snob, un fréquenteur de duchesses, de même que son écriture dense et ornée le condamnent d'avance. Une comparaison de son style avec celui de Gide permet de comprendre les objections du comité. Voici un extrait de *L'immoraliste*, roman de 130 pages achevé en 1901, qui illustre à merveille le laconisme gidien : « Vers la fin de janvier, le temps se gâta brusquement ; un vent froid se mit à souffler et ma santé aussitôt s'en ressentit. […] je passai ces tristes jours près du feu, morne, luttant rageusement contre la maladie qui, par ce mauvais temps, triomphait. Jours lugubres : je ne pouvais lire ni travailler ; le moindre effort amenait des transpirations incommodes ; fixer mon attention m'exténuait ; dès que je ne veillais pas à soigneusement respirer, j'étouffais. » Dans l'univers de Proust, évidemment, maladie et médicaments occupent une place centrale, aussi les traite-t-il sans rogner sur les détails : « Nous entrâmes dans la chambre. Courbée en demi-cercle sur le lit, un autre être que ma grand'mère, une espèce de bête qui se serait affublée de ses cheveux et couchée dans ses draps, haletait, geignait, de ses convulsions secouait les couvertures. Les paupières étaient closes et c'est parce qu'elles fermaient mal plutôt que parce qu'elles s'ouvraient qu'elles laissaient voir un coin de prunelle, voilé, chassieux, reflétant l'obscurité d'une vision organique et d'une souffrance interne. Toute cette agitation ne s'adressait pas à nous qu'elle ne voyait pas, ni ne connaissait. » Sans l'accuser d'être intarissable, on pourrait lui reprocher d'être exagérément fasciné par son sujet. Alors que Gide se contente de suggérer, Proust choisit de tout montrer, de tout dire.

Au demeurant, même si le comité de lecture avait trouvé des qualités au manuscrit, la décision aurait été la même car la jeune maison d'édition ne pouvait alors se permettre de publier un roman d'une telle longueur. Enclin à se culpabiliser, Gide en revendiquera ultérieurement toute la responsabilité. Il affirmera avoir lu seulement quelques passages du livre, avoir été frappé par la description sordide des remèdes de Tante Léonie et irrité par la mention de son front presque translucide où des « vertèbres » transparaissent. De plus, Proust lui avait fait l'impression, lors de leur rencontre dans un salon, d'être un flatteur invétéré doublé d'un réactionnaire. Son erreur de jugement le hantera longtemps, le faisant même douter de son discernement en matière de littérature : « Aurais-je su reconnaître tout de suite la valeur insigne de Baudelaire, de Rimbaud ? se demandera-t-il. N'aurais-je pas d'abord considéré Lautréamont comme un fou ? »

Un autre membre du comité, Jean Schlumberger, tentera d'absoudre Gide en insistant sur le caractère collectif de la décision : « Je soutiens que personne, ni Gide, ni Gaston, ni Copeau, ni moi n'avons lu le manuscrit. Tout au plus y avait-on piqué, çà et là, quelques paragraphes dont l'écriture avait paru décourageante. On a refusé l'ouvrage pour son énormité et pour la réputation de snob qu'avait Proust. » Soit dit en passant, le *Voyage au bout de la nuit* de Céline, l'autre chef-d'œuvre de la littérature française du xxᵉ siècle, n'obtiendra pas davantage la faveur du comité de lecture de Gallimard.

Le plus extraordinaire, c'est que malgré les revers qu'il subit, Proust ne perd jamais foi. Certes, il se plaint que le livre, si facile à écrire, s'avère si difficile à publier. Il s'irrite que personne ne le prend suffisamment au sérieux pour écouter ses explications sur la structure symphonique de son épopée, ou sur le rôle qu'y joue le thème de la mémoire involontaire. Personne ne semble se rendre compte qu'il a écrit le parfait *Bildungsroman*, un roman d'apprentissage dans lequel le héros fait son éducation artistique, musicale et littéraire par l'intermédiaire de trois personnages : Elstir (partiellement inspiré du peintre Whistler), Vinteuil et Bergotte. Personne ne semble non plus remarquer que l'amour du Narrateur pour Albertine fait écho à celui de Swann pour Odette, que la passion est toujours source de déception dans l'univers proustien, et l'amour familial la seule forme d'amour durable. Malgré la frustration que lui cause l'incompréhension de ses contemporains, l'écrivain reste fermement convaincu de la valeur de son œuvre et de sa place dans la littérature.

Il tente un dernier effort et soumet le roman à la maison d'édition Ollendorff. Le directeur, Humblot, répond : « Je suis peut-être bouché à l'émeri, mais je ne puis comprendre qu'un monsieur puisse employer trente pages à décrire comment il se tourne et se retourne dans son lit avant de trouver le sommeil.» Et Proust de remarquer alors: «Voilà un homme [...] qui vient d'avoir entre les mains 700 pages où vous verrez que bien de l'expérience morale, de la pensée et de la douleur est non pas diluée mais concentrée, et c'est sur ce ton qu'il l'écarte!»

Au lieu de se laisser abattre, il cherche aussitôt de nouvelles solutions et demande à un ami s'il croit que Bernard Grasset publierait son livre à compte d'auteur. À cette époque en France, il est courant que les écrivains qui en ont les moyens, même ceux dont le talent est reconnu, participent aux frais d'impression de leurs œuvres; il faut savoir que même pour les plus réputés, les ventes dépassent rarement le cap des 2000 exemplaires. Grasset, que Proust compare à un coupe-papier en ébène tant il est tranchant, dur et efficace, a littéralement mis au monde l'édition française moderne. Il est le premier à élaborer une véritable stratégie de marketing — campagne de publicité dans la presse, recours à des contacts influents pour le bouche à oreille. Se joindront notamment à son «écurie» Jean Giraudoux et François Mauriac.

Si Grasset accepte de publier Proust, les deux hommes ne se lieront pourtant jamais d'amitié. Peut-être se ressemblent-ils trop pour cela, l'écrivain, en plus d'être un artiste accompli, excellant dans l'art de se promouvoir: il offre des cadeaux aux critiques, dîne en compagnie des faiseurs d'opinion, et enfin ne manque jamais de manifester son éternelle gratitude à l'auteur d'un compte rendu élogieux, tandis qu'à ses détracteurs il envoie des pages et des pages d'explications… le plus souvent assorties d'une invitation au Ritz.

CHAPITRE 9

S'IL Y A UNE CONSTANTE dans la vie de Proust, de son propre aveu, c'est qu'il obtient ce qu'il désire seulement une fois qu'il a cessé de le désirer, comme l'illustre parfaitement la publication de son livre. En effet, quand finalement paraît *Du côté de chez Swann* le 14 novembre 1913, les aléas tragiques d'une grande affaire de cœur éclipsent totalement l'événement aux yeux de l'écrivain.

C'est à Cabourg en 1907 qu'il a rencontré Alfred Agostinelli, un jeune chauffeur de taxi d'origine monégasque, qui l'emmène en promenade sur les routes de Normandie. Par un curieux hasard, la petite entreprise pour laquelle travaille Alfred est dirigée par Jacques Bizet, la toute première flamme de Proust. Quelques mois plus tard, celui-ci rédige un article décrivant l'exaltation presque religieuse qu'il y a à « voler » à travers la campagne en automobile — plaisir que découvre également à la même époque Henry

James à bord de la luxueuse voiture d'Edith Wharton. Dans «Impressions de route en automobile», Proust immortalise ainsi Agostinelli : «Mon mécanicien avait revêtu une vaste mante de caoutchouc et coiffé une sorte de capuche qui, enserrant la plénitude de son jeune visage imberbe, le faisait ressembler, tandis que nous nous enfoncions de plus en plus vite dans la nuit, à quelque pèlerin ou plutôt à quelque nonne de la vitesse. » L'année suivante, il se fait conduire de Cabourg à Versailles, où il a coutume de passer l'automne à l'Hôtel des Réservoirs, un vaste établissement au luxe suranné. Ses crises d'asthme l'obligent à rester enfermé dans sa chambre, ou à passer le temps à jouer aux dominos avec Odilon Albaret, son valet, et Agostinelli. N'ayant ensuite plus besoin des services de ce dernier, il le remercie pour ne plus le revoir jusqu'en 1913, quand de nouveau il fait irruption dans sa vie.

Alors âgé de 25 ans, Agostinelli a perdu son emploi et vit avec une dénommée Anna, qu'il prétend avoir épousée. Proust ayant déjà auprès de lui le fidèle Albaret, il n'a pas besoin d'un autre chauffeur mais propose au jeune homme de devenir son secrétaire. Il tombe bientôt profondément amoureux de son nouvel assistant, avec qui il passe des heures en tête-à-tête à travailler sur son manuscrit, et il l'invite à emménager chez lui avec Anna : «Lui et sa femme sont devenus part intégrante de mon existence», écrit-il à un ami. Avec toute l'exagération à laquelle conduit l'amour, il affirmera également qu'Agostinelli est « un être extraordinaire possédant peut-être les dons intellectuels les plus grands que j'ai connus ! » À Gide, il confiera : « J'ai de lui des lettres qui sont d'un grand écrivain. » Céleste Albaret, la femme de chambre de Proust, le décrira plutôt comme « un garçon instable qui avait des ambitions de sortir de son statut. » Et voici ce qu'on peut lire dans *La fugitive* : « Il est certain que j'avais connu des personnes d'intelligence plus grande. Mais l'infini de l'amour, ou son égoïsme, fait que les êtres que nous aimons sont ceux dont la physionomie intellectuelle et morale est pour nous le moins objectivement définie [...]. » Tout le monde s'entend pour dire qu'Anna est laide — Odilon Albaret l'appelle même « le pou volant » — et fort jalouse. Bien qu'Agostinelli semble éprouver des sentiments pour elle, il court toujours les jupons. Curieusement, jamais ne vient à Anna l'idée de se montrer jalouse de Proust, tout comme ce dernier, pourtant maladivement possessif, ne sera pas jaloux d'elle. À l'époque, les relations homosexuelles, plus particulièrement entre des personnes n'appartenant pas à la même classe sociale, passent pour une forme de mécénat et n'attirent pas l'attention à moins que n'éclate un scandale, phénomène alors beaucoup plus rare en France qu'ailleurs en Europe. En 1895, en Angleterre, Oscar Wilde est trouvé coupable d'outrage aux bonnes mœurs et de sodomie ; en 1900, en Belgique, le roman *Escal-Vigor* vaut à son auteur homosexuel Georges Eekhoud un retentissant procès, dont il sort acquitté ; en 1902, l'industriel allemand Friedrich Alfred Krupp se suicide après que son homosexualité a fait la une des journaux ; en 1903, pour la même raison, l'Écossais Sir Hector Archibald Macdonald se tire une balle dans la tête ; en 1907, l'Allemagne voit se multiplier les accusations d'« uranisme » : le chancelier von Bulöw remporte un procès en diffamation contre l'éditeur d'une revue, Adolf Brand, qui a rendu publics ses penchants ; le comte Kuno von Moltke intente des poursuites contre le journaliste Maximilian Harden pour les mêmes motifs, sans obtenir gain de cause ; l'année suivante, le Prince Eulenburg est une seconde fois arrêté, et subit procès après procès jusqu'à ce que la détérioration de son état de santé mette fin aux procédures. Au contraire, en France, aucune affaire de ce genre n'éclate, en grande partie parce que les lois de 1791, ratifiées par le code pénal de 1810, ont déjà décriminalisé la sodomie. Les anciennes lois seront temporairement rétablies durant la Deuxième Guerre mondiale, sous le régime de Vichy.

Soulignons que le « mécénat homosexuel » — l'aide qu'un homme fortuné et d'âge mûr offrait, pour l'aider dans sa carrière, à un homme plus jeune, sans grands moyens et dans bien des cas hétérosexuel — restera une véritable institution dans les pays latins jusqu'en 1950 ; la prospérité croissante et la libéralisation des mœurs supprimeront alors les bases mêmes de cette pratique. Dans le monde de Proust, ce patronage quasi sexuel, loin d'être assimilé à de l'exploitation, passe pour une pratique charitable et généreuse. Les goûts de l'écrivain se sont modifiés avec le temps ; alors que l'attiraient auparavant ses pairs, des artistes homosexuels tels Reynaldo Hahn et Lucien Daudet, il se tourne maintenant vers des hétérosexuels de la classe ouvrière, Agostinelli par exemple, et plus tard Henri Rochat, serveur au Ritz ; ce changement d'horizon le rendra bien entendu extrêmement malheureux.

En plus de sa compagne Anna, Agostinelli a une sœur, la maîtresse du baron Duquesne, un frère qui est chauffeur, un demi-frère qui travaille comme garçon d'hôtel, et un père qui fait pression sur lui. Apparemment, il leur envoie à tous de l'argent, qu'il soutire à Proust ; à une occasion, celui-ci télégraphiera pour faire vendre 20 000 dollars de titres de la Royal Dutch, donnant ordre de câbler l'argent à Agostinelli. Dans une lettre à son banquier, il soulignera avec un peu de lassitude qu'une liaison avec un homme de la même classe sociale lui aurait évité bien des débours : « Quand on n'aime pas dans le monde mais dans le peuple, ou à peu près, ces peines d'amour se doublent généralement de difficultés financières considérables. »

Amoureux, Proust l'est éperdument. À l'été 1913, à peine quelques jours après son arrivée à Cabourg avec son personnel, il déclare soudainement devoir rentrer à Paris pour y rejoindre une femme dont il ne révèle pas l'identité. En réalité, cette mystérieuse inconnue n'est autre qu'Agostinelli, à qui Proust demande de le reconduire à Paris, ce qui lui permet de passer quelques jours seuls en sa compagnie ; du même coup, il parvient à éloigner son employé d'une femme rencontrée depuis peu à Cabourg et dont il cherche déjà à obtenir les faveurs. Dans *À la recherche du temps perdu*, craignant qu'Albertine ne se lie avec Mlle Vinteuil et son amie, le Narrateur invente également un prétexte amoureux pour quitter Balbec avec l'aimée. Proust sait pertinemment que son attitude ne fait qu'irriter Agostinelli, pourtant la jalousie l'emporte sur la sagesse. Il se fait couper la barbe, espérant lui plaire, mais son geste laisse l'autre indifférent. Comme il le dit souvent à ses amis, en amour, les bons conseils qu'il sait donner, il ne sait pas toujours les suivre. Vers la fin du mois d'août, les sentiments d'intense jalousie qu'il éprouve l'incitent à ajouter quelques détails à son roman, « des petits faits très importants qui resserrent autour du pauvre Swann les nœuds de la jalousie ». Comme il s'en rend compte, il n'a que de l'argent à offrir à Agostinelli, et les sommes de plus en plus importantes qu'il lui remet dans l'espoir de le garder à ses côtés lui donnent justement les moyens de le quitter.

La situation l'inquiète d'autant plus que le jeune homme préfère l'aventure à l'argent. Emballé par les premières automobiles, il se passionne maintenant pour les

aéroplanes, aussi Proust propose-t-il de lui payer des cours
de pilotage non loin de Paris (le Narrateur, pour sa part,
emmène Albertine visiter les aérodromes autour de la
capitale). Quelque temps après le versement de l'acompte
pour les leçons, Agostinelli prend la fuite.

En tout et pour tout, il aura vécu avec Proust du début
de 1913 jusqu'au matin du 1er décembre de la même année,
date à laquelle lui et Anna disparaissent sans explication
tandis que leur hôte dort encore. Le jeune homme se rend
à Antibes, non loin de sa ville natale. Comment expliquer
son départ ? Voulait-il échapper à la jalousie, et aux interrogatoires, de son patron ? Ou était-ce qu'Anna se déplai-
sait à Paris ? Par une triste ironie, c'est sous le pseudonyme
de « Marcel Swann » qu'Agostinelli s'inscrit, à Antibes, à
une nouvelle école d'aviation. Le procédé a peut-être pour
but d'éviter que ne le retrouve le monstre de jalousie
qu'évoque ce nom mi-réel mi-fictif.

Proust, dévasté, demande à son ancien secrétaire Albert
Nahmias s'il connaît un policier qui pourrait « suivre quelqu'un », en d'autres mots un détective privé. Il s'adresse
également au père d'Alfred, lui promettant de généreuses
mensualités s'il parvient à convaincre son fils de revenir à
Paris, ne serait-ce que jusqu'en avril (Proust se doute que
même dans le meilleur des cas, il ne doit pas s'attendre à un
miracle). À Nahmias, qu'il dépêche à Antibes, il confie la
mission d'utiliser tous les moyens possibles pour ramener

le fugitif: cadeaux, argent, menaces, ultimatums. Dans un élan de prodigalité, il commande un aéroplane pour Agostinelli (tout comme le Narrateur tente d'enjôler Albertine en lui offrant un yacht); dans un accès de mauvaise humeur, il lui enverra cette mise en garde: «Si jamais le malheur voulait que vous eussiez un accident d'aéroplane, dites bien à votre femme qu'elle ne trouvera en moi ni un protecteur, ni un ami, et n'aura jamais un sou de moi.»

Bien que *Du côté de chez Swann* paraisse en novembre 1913, l'année difficile qu'il passe avec Agostinelli, puis les affres de la solitude que lui cause son départ en décembre, assombrissent considérablement la joie que lui aurait normalement procuré le lancement tant attendu de son roman. La critique est pourtant élogieuse, et Proust reçoit même une lettre de l'écrivain Francis Jammes le comparant à Shakespeare, Balzac et Tacite. Mais lorsqu'il prend connaissance, quelques jours après la disparition d'Agostinelli, d'un compte rendu nettement plus mitigé, il écrit à Cocteau, ne distinguant plus dans son abattement littérature et vie privée: «J'y ai aperçu mon livre comme dans une glace qui conseille le suicide.» À l'un de ses lecteurs, un parfait inconnu, il s'ouvre ainsi: «Je traverse en ce moment la période la plus douloureuse de ma vie, depuis la mort de ma mère. Et le bien que vous avez la bonté de dire que mon livre vous a fait, il ne me le procure pas.» Avec le retour du printemps toutefois, Agostinelli se met à donner occasionnellement de ses nouvelles, peut-être par crainte de se trouver un jour à court d'argent. Peu importe les raisons qui motivent le geste, le fait de pouvoir renouer par lettres avec l'aimé apaise grandement Proust.

Puis tout à coup, son univers bascule. Le 30 mai 1914, après deux mois de leçons, Agostinelli effectue son second vol en solo. Malgré les avertissements de son instructeur, il survole la Méditerranée et lors d'un virage à basse altitude s'abîme dans la mer. Il ne sait pas nager. Ses gestes désespérés, tandis qu'il s'agrippe à la carlingue, sont en pure perte; l'appareil coule rapidement. Quand son corps est repêché, on découvre qu'il gardait sur lui une somme d'argent considérable, probablement par méfiance à l'égard de sa famille.

La nouvelle porte à Proust un coup terrible : « J'aimais vraiment Alfred, écrit-il à Reynaldo Hahn. Ce n'est pas assez de dire que je l'aimais, je l'adorais. Et je ne sais pourquoi j'écris cela au passé car je l'aime toujours. » Malgré la mise en garde qu'il a envoyée à Agostinelli concernant Anna, il invite la veuve à habiter chez lui quelque temps et tente de la consoler; il l'aide ensuite à commencer une nouvelle vie. Il est lui-même incapable de travailler. En juin 1914, alors qu'il devrait s'occuper de réviser le deuxième volume à paraître, il écrit à Gide : « Depuis la mort de mon pauvre ami, je n'ai pas eu le courage d'ouvrir un seul des paquets d'épreuves que Grasset m'envoie chaque jour. »

Quelques mois plus tard, en novembre, il décrit son chagrin à Lucien Daudet : « J'ai su ce que c'était, chaque fois
que je montais en taxi, d'espérer de tout mon cœur que
l'autobus qui venait allait m'écraser. »

Les événements vont faire que ce second volume ne
paraîtra que cinq ans plus tard, largement remanié, et sous
les auspices d'une nouvelle maison d'édition. Au moment
d'entreprendre la *Recherche*, jamais Proust ne pouvait prévoir les deux catastrophes qui vont métamorphoser cette
œuvre : la Première Guerre, qui éclate en 1914, et la mort
d'Agostinelli. En effet, les attaques allemandes sur Paris
constituent la toile de fond sur laquelle se déroule la section centrale du *Temps retrouvé*, et certains des protagonis-
tes, partis au front, meurent au combat. En fait, la guerre
vient bouleverser l'ordre social en provoquant la ruine de
plusieurs grandes familles de l'aristocratie tandis que des
membres de la bourgeoisie accèdent à des positions de
prestige et de pouvoir. Proust se fera lyrique en décrivant
le Paris quasi désert de 1914, sous « la splendeur antique
inchangée d'une lune cruellement, mystérieusement sereine,
qui versait aux monuments encore intacts l'inutile beauté
de sa lumière. »

Plus cruciale encore est la perte d'Agostinelli, qui
pousse l'auteur à faire d'Albertine un personnage central,
et de *À l'ombre des jeunes filles en fleurs* un volume distinct
où l'on voit évoluer le cercle des amies d'Albertine. Par

ailleurs, deux autres volumes seront consacrés à la relation du Narrateur avec Albertine : *La prisonnière* et *La fugitive*. Loin de nuire à l'équilibre de l'ouvrage, comme l'ont soutenu certains critiques, l'arrivée d'Albertine comble au contraire un immense vide « parce qu'à ses amourettes sans conséquence, à des flirts passagers s'est substituée, violente, tragique, la grandeur d'une passion racinienne », ainsi que le souligne Jean-Yves Tadié, le plus éminent biographe de Proust, qui poursuit : « Un thème nouveau s'y ajoutera, qui manquait dans les projets primitifs, mais non dans *Les plaisirs et les jours*, celui de l'homosexualité féminine : Gomorrhe fera réellement pendant à Sodome. » Au cours des huit années suivant la mort d'Agostinelli, l'entreprise proustienne doublera d'ampleur par rapport au projet original.

La Nouvelle Revue Française ne tarde pas à se rendre compte que son refus de publier *Du côté de chez Swann* a été une grave erreur. Lorsqu'il le lit d'un bout à l'autre, Jacques Rivière, qui fait partie de l'équipe de la revue et que Proust en viendra à considérer comme le meilleur critique de sa génération, est atterré par le manque flagrant de clairvoyance dont ont fait preuve ses collègues. Dans une lettre, André Gide avoue à Proust en 1914 : « Le refus de ce livre restera la plus grave erreur de la NRF et (car j'ai honte d'en être beaucoup responsable) l'un des regrets, des remords les plus cuisants de ma vie. »

Proust répond gracieusement : « J'ai souvent éprouvé que certaines grandes joies ont pour condition que nous ayons d'abord été privés d'une joie de moindre qualité. » Pour lui, cette ouverture de la NRF n'a pas qu'un intérêt commercial ; elle représente une consécration par ses pairs. Cependant, soit par timidité soit au nom d'une certaine loyauté, il est réticent à couper les ponts avec Grasset, et ce n'est qu'à la suite de manœuvres complexes qu'il changera de maison. Quoi qu'il en soit, comme aucun livre n'est publié pendant la guerre, Proust devra attendre 1919 avant de voir paraître *À l'ombre des jeunes filles en fleurs*.

Après la mort d'Agostinelli, ce n'est qu'auprès d'Ernst Forssgren, Adonis suédois de 1 m 90, qu'il arrive à trouver quelque réconfort. En 1914, ce dernier, d'abord engagé comme valet et bientôt promu secrétaire, l'accompagne pour une dernière saison à Cabourg, où les deux hommes passent des heures à parler et à jouer aux cartes ensemble. Proust lui fait cette déclaration (que plus tard d'autres aussi entendront) : « Ernst, dans toute ma vie, je n'ai jamais connu une personne que j'aie aimée autant que je vous aime. » Toutefois, rien n'arrive à dissiper complètement la mélancolie qui s'est abattue sur Proust et qui colore tout son univers. Sans préavis, son hôtel de vacances est converti en hôpital, Proust regagne péniblement Paris après une terrifiante crise d'asthme, et Forssgren, redoutant d'être conscrit par la Suède, émigre aux États-Unis.

LES ANNÉES DE LA GUERRE, Proust les passe à travailler. Malgré le climat d'inquiétude qui règne alors, il ne craint pas de traverser Paris s'il sait pouvoir trouver une information dont il a besoin. Il n'a pas plus de scrupules à sonner chez des amis après minuit pour qu'ils lui redisent une vieille anecdote, ou à s'arrêter au Ritz pour vérifier auprès du maître d'hôtel les détails de quelque fait mondain légendaire. Il écrit des milliers de lettres durant cette période, dont bon nombre se résument à des demandes d'information sur telle robe portée par une amie en 1890, par exemple, ou sur tel bon mot qui date de la Belle Époque.

Loin de se réfugier dans le passé, cependant, il suit de près le cours des événements. La possibilité qu'il doive servir dans l'armée malgré son mauvais état de santé vient en tête de ses préoccupations; la guerre sera d'ailleurs bien entamée avant qu'on ne le déclare inapte. Mais le bouleversent également la disparition de Bertrand de Fénelon, qui meurt au front le 17 décembre 1914, tout comme celle d'Emmanuel de Bibesco qui, atteint d'une maladie incurable, met fin à ses jours en 1917. En fait, Proust perd de nombreux amis durant ces années turbulentes.

Céleste Albaret, sa femme de chambre, racontera admirablement bien la vie quotidienne de son maître dans *Monsieur Proust*. Après la mobilisation de son mari, étant dorénavant la seule employée de l'écrivain, elle n'a d'autre choix que de s'adapter à ses horaires. Elle reste donc éveillée la nuit pour lui apporter à boire ou manger, changer ses bouillottes, ou l'aider à se préparer en vue de ses occasionnelles sorties de minuit — puisqu'il craint de mettre le pied dehors avant que la poussière de la journée soit retombée. Quand il rentre, Proust lui fait un rapport complet, passant en revue ce que portaient les dames, les plus récentes infidélités commises, les liens de parenté de telle ou telle personne avec des gens qu'il a connus dans sa jeunesse, etc. Comme il ne pense jamais à l'inviter à s'asseoir, elle reste debout des heures tandis que de son lit, il détaille ses impressions avec enthousiasme. Vers huit ou neuf heures du matin, elle se retire, et dort jusque vers deux heures.

Ce qui cause à Céleste le plus d'anxiété, dit-elle, c'est la préparation du café « matinal » de son employeur (qui le prend en réalité dans l'après-midi, au moment où il se réveille). Le café doit être prêt aussitôt qu'il sonne, mais demande une bonne demi-heure à être préparé, car il faut que l'eau soit passée goutte à goutte pour obtenir un liquide épais et corsé à souhait, l'«essence de café». Proust ne supporte pas le goût de brûlé du café réchauffé, pour le plus grand malheur de Céleste ; si son maître n'a pas sonné assez rapidement une fois le café prêt, il ne lui reste plus qu'à le jeter et à tout recommencer. Les rideaux de l'appartement ne sont ouverts que dans la cuisine et dans sa chambre à elle. La lumière du jour ne pénètre dans aucune autre des pièces. Les fenêtres sont maintenues closes jusqu'à ce que Proust sorte, ce qui ne se produit jamais avant dix heures du soir. Céleste peut alors aérer la maison, faire le lit et vaquer aux tâches ménagères.

Quand un jour elle se plaint de ne pouvoir aller à la messe le dimanche, il lui répond avec douceur : «Céleste, savez-vous que vous faites quelque chose de bien plus noble et de bien plus grand que d'aller à la messe ? Vous donnez votre temps à soigner un malade. C'est infiniment plus beau.» Proust éprouve une sincère affection à son endroit, qu'il lui témoigne en la couvrant de cadeaux et en s'occupant de son éducation ; il la gronde si, au lieu de lire, elle préfère «coudre des dentelles». Madame Proust et Céleste sont les deux seules personnes qui l'ont aimé sans conditions, comme il en avait tant besoin. À Cabourg, l'écrivain n'a qu'à cogner sur la cloison qui sépare leur chambre pour que Céleste accoure auprès de lui, tout comme le Narrateur le fait pour appeler sa grand-mère affaiblie mais toujours empressée. Céleste restera à son service jusqu'à la fin. Quand des biographes viendront l'interroger sur les mœurs de Proust, son indéfectible loyauté l'incitera même à nier qu'il était homosexuel, affirmant qu'elle n'avait jamais été témoin d'aucune rencontre amoureuse à la maison.

Pendant la guerre, raconte-t-elle pourtant sans hésiter, Proust visite (à des fins de « recherche », selon elle) un bordel homosexuel tenu par Albert Le Cuziat ; cet homme qui a travaillé comme valet de pied dans de grandes maisons avant de s'établir à son compte veille à ce que soient satisfaits les désirs les plus bizarres de sa clientèle, dont il connaît la généalogie par cœur. Proust le consulte régulièrement lorsqu'il a besoin d'anecdotes pour *Sodome et Gomorrhe*, et finance même en partie l'achat de son établissement ; plus surprenant encore, des meubles ayant appartenu à ses parents se retrouvent, donnés par lui, dans ce foyer de prostitution homosexuelle. C'est peut-être la profanation la plus extrême de Proust, étant donné le véritable culte qu'il voue à la mémoire de ses parents. Notons qu'environ à la même époque, il remet les vêtements de son père à Émile Agostinelli, le frère du défunt Alfred — autre sacrilège si l'on considère à quel point le docteur Proust aurait détesté qu'un membre de la famille de l'amant de son fils porte ses habits.

Selon l'essayiste allemand (et hétérosexuel) Walter Benjamin, qui visitera la maison de passe en 1930 accompagné de l'étrange écrivain Maurice Sachs (un homosexuel juif qui collaborera avec les Nazis), l'histoire y circulait toujours que Proust avait été connu sous le nom d'«homme aux rats». D'après Sachs, témoin sans doute plus extravagant que fiable, Proust aurait un jour demandé qu'on lui apporte un rat en cage et qu'on le tue sous ses yeux avec des épingles à chapeau, et il aurait contemplé la scène avec un mélange d'excitation et de peur. En fait, Proust a peur des souris et des rats, plus encore que des bombes si l'on en croit l'une de ses lettres. Le Narrateur d'*À la recherche du temps perdu*, pour sa part, rêve que ses parents se sont transformés en souris blanches, qu'il voit enfermées dans une cage et couvertes de pustules.

Pour atteindre l'orgasme, confie Proust à Gide, il lui faut rassembler un certain nombre d'éléments hétéroclites. Le voyeurisme et la masturbation semblent être les deux procédés érotiques qu'il privilégie, du moins dans le cadre de ses aventures sans lendemain. Les mémoires de plusieurs écrivains qui l'ont connu racontent qu'à certaines occasions Proust aurait profané des photos de sa mère, en crachant dessus ou en les insultant, pendant l'acte sexuel (si la chose est vraie, Proust n'en donne bien entendu aucune indication). Les dizaines d'allusions qui sont faites dans son œuvre à des photographies confèrent une certaine crédibilité à la rumeur; pensons à cette photo de Vinteuil qu'invective l'amante de sa fille en guise de prélude sexuel avec sa partenaire. L'insistance avec laquelle Proust demande à ses amis de lui envoyer des portraits autographiés d'eux-mêmes revêt une dimension scabreuse quand on sait l'usage qu'il en fait, à tout le moins en imagination. De façon plus générale, il se montre également fort sensible à toute forme de profanation; ainsi, dans une lettre, après avoir écrit que la cathédrale de Laon lui avait rappelé de « grands plaisirs », il précise aussitôt que ces plaisirs étaient « vertueux », alors que personne n'aurait soupçonné le contraire.

Tous ces indices suggèrent que la sexualité de Proust repose sur la profanation d'objets sacrés, ou à tout le moins qu'il en a besoin comme stimulant. Pareillement, le baron de Charlus (à qui Proust a ouvertement attribué certains de ses traits) affiche une étrange excitation en parlant de Bloch au Narrateur:

Peut-être pourriez-vous demander à votre ami de me faire assister à quelque belle fête au Temple, à une circoncision, à des chants juifs [...] Vous pourriez peut-être arranger cela, même des parties pour faire rire. Par exemple, une lutte entre votre ami et son père où il le blesserait comme David Goliath. Cela composerait une farce assez plaisante. Il pourrait même, pendant qu'il y est, frapper à coups redoublés sur sa charogne [...] de mère. Voilà qui serait fort bien fait et ne serait pas pour nous déplaire, hein! petit ami, puisque nous aimons les spectacles exotiques et que frapper cette créature extra-européenne, ce serait donner une correction méritée à un vieux chameau.

En 1917 et 1918, comme s'il voulait profiter des plaisirs du monde tandis qu'il le peut encore, Proust sort sur une base plus régulière, se rendant le plus souvent au Ritz où il dîne tard, seul ou avec un des infatigables conteurs dont il apprécie la compagnie, tels l'abbé Mugnier, prêtre de la haute société, Walter Berry, l'amant d'Edith Wharton, ou encore le prince de Polignac, qui a épousé la riche Américaine Winnaretta Singer, « la fille des machines à coudre ». Il retrouve au Ritz l'ambiance d'un salon luxueux et animé, et il y est traité aux petits soins par le personnel qui accepte de le servir après minuit. Autre avantage à fréquenter l'endroit, le maître d'hôtel, Olivier Dabescat, connaît le gratin de Paris et lui fournit quantité d'anecdotes pour son livre. Proust se lie également d'amitié durant ces soirées avec la princesse Soutzo et son amant, Paul Morand, un talentueux écrivain. Attiré par leur beauté et leur exquis raffinement, il se joint régulièrement à eux pour un repas ou un récital de musique de chambre. En 1918, il reçoit jusqu'à trois fois par semaine au Ritz.

L'énergie qu'exigent ces sorties, et que lui demandent aussi ses séances intensives d'écriture et de correction d'épreuves, lui provient de stimulants comme l'adrénaline et la caféine, dont il a tendance à abuser, ce qui l'oblige ensuite à prendre des calmants, de l'opium par exemple, pour en contrer les effets. Sa santé déjà fragile s'accommode mal de ces excès, et il souffre bientôt d'étourdissements qui le font s'écrouler plusieurs fois par jour, et de crises d'aphasie qui l'empêchent temporairement de se rappeler un mot ou de l'articuler.

Nonobstant ses ennuis de santé et son horaire de travail chargé, Proust se voit forcé de déménager, sa tante ayant vendu l'immeuble de la rue Haussmann à une banque et mis son neveu à la porte. Il se réfugie un temps dans l'appartement poussiéreux et bruyant, sis rue Laurent-Pichat, de la célèbre actrice Réjane (l'un des modèles de la Berma dans la *Recherche*), avant de s'installer définitivement au 44 rue Hamelin. Même au milieu de ce chambardement, il conserve son sens de l'humour. À Mme Straus, sa meilleure amie, il raconte par exemple que sa tante vient de lui envoyer un « chef-d'œuvre » de lettre où elle dit qu'elle préfère « le doux nom de tante à celui de propriétaire » et que sa décision de mettre son neveu dehors aura au moins l'avantage « que nous n'aurons jamais à parler ensemble que de littérature et pas de la maison ».

À la fin de juin 1919, la guerre étant terminée, Gallimard peut enfin reprendre ses activités et trois livres de Proust vont sous presse : une nouvelle édition du *Côté de chez Swann*, la toute première édition d'*À l'ombre des jeunes filles en fleurs*, et un recueil de pastiches et autres courts textes dont la rédaction remonte pour la plupart à 15 ou 20 ans. À la fin de l'année, Proust aura reçu le prestigieux prix Goncourt pour *À l'ombre des jeunes filles en fleurs*, non sans avoir courtisé les juges à l'aide de somptueux cadeaux et de repas fins. Et non sans controverse. L'écrivain l'emporte seulement par six voix contre quatre ; des membres du public et de la presse dénoncent bruyamment la décision, indignés qu'on couronne un invalide qui vit dans le passé (« un talent d'outre-tombe », comme le dit un journaliste) et qui ne s'est pas battu au front. Proust semble, de l'avis de beaucoup, moins méritant que Roland Dorgelès, qui a signé un roman aussi émouvant que patriotique sur la vie des tranchées, *Les croix de bois* (dont le film réalisé dans les années 1930 connaîtra un franc succès).

Du côté de la droite, un critique s'exprimant au nom des anciens combattants décrie avec véhémence et mépris la nomination de Proust. Les gauchistes, pour leur part, n'apprécient pas que l'écrivain ait recueilli le vote de son ami de longue date Léon Daudet (frère aîné de Lucien), qui a fondé avec Charles Maurras le parti nationaliste et antisémite de l'Action Française. Que Proust ait compté parmi les dreyfusards à une époque où Léon était dans le camp adverse ne semble pas faire de différence. Non plus qu'il ait tout récemment pris position contre un manifeste chauvin signé par Maurras, et d'autres, appelant la création d'une « fédération intellectuelle » qui serait placée sous l'égide de la France, «gardienne de toute civilisation», notion à laquelle Proust s'oppose vigoureusement puisque selon lui les arts et les sciences ne devraient jamais servir des fins politiques ou nationalistes. Maintenant qu'il commence à acquérir une certaine réputation comme romancier, même ses vieux amis l'écoutent plus attentivement. Le simple chroniqueur mondain qu'il était à leurs yeux ressemble de plus en plus à un écrivain-philosophe aux idées universelles.

Sa gloire n'est pourtant pas encore assurée. Ses détracteurs ne prennent pas son œuvre au sérieux, n'y voyant que des souvenirs d'enfance et d'adolescence, tissés dans un récit auquel il manquerait une structure, une intrigue et surtout une fin. Comme Proust sait évidemment très bien quel doit être l'aboutissement de l'œuvre, il souhaite ardemment que Gallimard se hâte de publier les volumes suivants, persuadé qu'avec les sept tomes en mains, les critiques seront en mesure d'apprécier la composition de l'ensemble. Le prologue apparemment plein de méandres que constitue «Combray», par exemple, remplit la même fonction que l'ouverture d'un opéra, dans la mesure où il annonce en résumé tous les thèmes à venir. Ainsi deux chemins se dessinent-ils, ou plutôt deux «côtés»: le côté de Méséglise (qu'on appelle également le côté de chez Swann) et le côté de Guermantes; du point de vue du Narrateur enfant, ces chemins partent dans des directions opposées et promettent des parcours radicalement différents, et pourtant ils finissent par se rejoindre pour n'en former qu'un seul dans *Le Temps retrouvé*. Le Narrateur adulte découvre cette étonnante unité par l'intermédiaire de Gilberte, la fille de Swann, qui a épousé Robert de Saint-Loup, un parent des Guermantes. Le poids héraldique du nom des Guermantes se voit déjà mentionné dans «Combray», tout comme sont abordés certains thèmes clés tels la maladie (réelle et imaginaire), le snobisme, la différence entre l'amour familial et la passion romantique, le pouvoir qu'a la lecture d'émerveiller, et d'autres encore. Le développement des thèmes et des personnages tout au long des sept tomes confère à l'ensemble une solidité architecturale que les lecteurs des deux premiers volumes ne peuvent soupçonner.

De même, le thème de la mémoire involontaire, préfiguré dans «Combray» par l'épisode de la madeleine et la révélation que l'odeur et la saveur peuvent porter à eux seuls «l'édifice immense du souvenir», ne trouve sa forme achevée que dans *Le Temps retrouvé*, quand trois sensations successives font resurgir trois souvenirs involontaires; le passé saisi dans sa totalité et pour l'éternité peut alors servir de matériau littéraire. Ainsi, deux pavés mal équarris dans la cour de l'hôtel de Guermantes ravivent un torrent de souvenirs associés à deux dalles du baptistère de Saint-Marc à Venise. Le cognement d'une cuiller sur une assiette rappelle ensuite au Narrateur le son d'un marteau frappant la roue d'un train à bord duquel il avait voyagé des années auparavant et qui s'était arrêté dans un petit bois. Enfin, une serviette de table empesée ressuscite la sensation de la serviette de plage rugueuse avec laquelle il s'était séché lors de son premier séjour à Balbec, quand il n'était encore qu'un jeune garçon.

En analysant la joie que lui procurent ces souvenirs, Proust se rend compte qu'au moment où les expériences qui les ont fondés se sont déroulées, son imagination, qui était « [son] seul organe pour jouir de la beauté [...] », n'y avait pris aucune part. Avec le recul du temps, explique-t-il toutefois, la mémoire involontaire a cette capacité de faire « miroiter une sensation [...] à la fois dans le passé, ce qui permettait à mon imagination de la goûter, et dans le présent où l'ébranlement effectif de mes sens par le bruit, le contact du linge, etc. avait ajouté aux rêves de l'imagination ce dont ils sont habituellement dépourvus, l'idée d'existence, et, grâce à ce subterfuge, avait permis à mon être d'obtenir, d'isoler, d'immobiliser — la durée d'un éclair — ce qu'il n'appréhende jamais : un peu de temps à l'état pur. »

Proust a toujours prétendu avoir peu de mémoire et qu'en outre, un souvenir que l'on s'efforce de reconstruire à l'aide de photos ou de réminiscences partagées est invariablement fade. Seule la mémoire involontaire, déclenchée par une odeur, le goût d'un aliment ou quelque autre sensation, sait abolir le passage du temps et redonner à une expérience passée son éclat originel. Ayant tôt rejeté l'approche intellectualiste, il est convaincu que jamais le raisonnement ou la méthode ne peuvent à eux seuls nous faire accéder à l'art, qui est intrinsèquement remémoration et distillation d'expériences antérieures : l'art nous est livré dans toute sa fraîcheur et sa force par un processus qui exclut la médiation de l'intellect ou de la volonté. Paradoxalement, si Proust se veut anti-intellectuel, il fait également preuve d'un esprit philosophique en ce qu'il s'attache non pas à l'accidentel mais à l'essentiel d'un événement passé. La mémoire involontaire, anti-intellectuelle par définition, déleste un moment oublié de tous ses détails superflus pour n'en retenir que le noyau brut.

Proust, que la maladie contraint à garder le lit des jours entiers, peut à loisir donner libre cours à son penchant méditatif pour tisser des légendes autour des épisodes de sa propre vie et des gens qu'il a connus. Comme il tient à camoufler son homosexualité, ses aventures masculines se transforment sous sa plume pour donner le récit captivant des relations du Narrateur avec des femmes. Cette savante mascarade témoigne de son talent créatif ; c'est la part inventée, fabriquée, qu'il ajoute aux faits réels que la mémoire involontaire a fait resurgir. Mais, tout comme le

comédien rompu à la méthode de Stanislavski doit créer
même le plus bizarre des personnages à partir de ses
ressources personnelles — sa sensibilité et la banque de ses
souvenirs —, Proust, nonobstant les stratégies de transposition qu'il élabore, prend toujours pour point de départ
une remémoration de sentiments et de sensations très spé-
cifiques. En ce sens, ses souvenirs involontaires représen-
tent la part de vrai qu'il inscrit dans son œuvre : ils forment
le canevas d'un visage qu'il maquille ensuite avec art.

Si la théorie de la primauté de la mémoire involontaire
a tant d'attrait pour le public lecteur, c'est qu'elle rassure
en affirmant que rien n'est jamais vraiment oublié, et que
l'art n'est pas autre chose qu'une accumulation de souvenirs. Cette notion singulièrement démocratique que nous
sommes tous des romanciers à qui le destin tend sur un
plateau d'argent un livre qu'il ne reste plus qu'à mettre en
mots — l'histoire de notre vie — sourit à quiconque a
jamais senti le besoin de s'exprimer mais craint d'être peu
habile à traduire ses sentiments. Toutefois, dans son équa-
tion, Proust omet trois éléments essentiels : d'abord le fait
qu'il vit à une époque privilégiée en ce qui a trait à la
culture et à la civilisation (sinon à la création littéraire) ;
ensuite, qu'il est doué pour manier la plume, pour fouiller
l'âme humaine et pour assimiler des masses d'information ; et finalement, qu'il consent à sacrifier sa vie à son art.

Sans l'apport de ces dons et circonstances exceptionnelles, rien ne permet de croire que la mémoire involontaire puisse garantir d'exceller dans les arts. Comme Proust possède en surabondance tous ces atouts, il peut se permettre d'en négliger l'importance.

CHAPITRE 11

APRÈS LES ATTAQUES INITIALES que subit Proust, et qui sont rapidement oubliées, plusieurs indices attestent que le lent processus de canonisation littéraire est amorcé : les articles faisant l'éloge de ses livres se multiplient, des traductions en plusieurs langues voient le jour. Le projet proustien ne prendra cependant tout son sens qu'en 1927 quand paraîtra le dernier volume d'*À la recherche du temps perdu*, cinq ans après la mort de son auteur en 1922. Alors que *Le côté de Guermantes* et *Sodome et Gomorrhe* sont publiés de son vivant, *La prisonnière* sortira en 1923, *La fugitive* en 1925 et *Le temps retrouvé* en 1927. (Il faudra attendre jusqu'en 1952 pour *Jean Santeuil*, et jusqu'en 1954 pour *Contre Sainte-Beuve* ; quant à la publication des 21 volumes de correspondance, elle s'échelonnera de 1970 à 1993.)

Mais à l'été de 1918, quand la guerre touche à sa fin, Proust est encore loin d'avoir accompli l'énorme tâche qu'il s'est fixée. Sa quête d'amour, ou à tout le moins de compagnie masculine, se poursuit également, et il s'éprend d'un employé du Ritz, Henri Rochat, un beau garçon d'origine suisse qui rêve de devenir peintre. Peu après leur rencontre, Proust demande à ce que Rochat soit son serveur attitré et il se met bientôt à le combler de cadeaux, notamment de beaux vêtements. Comme à l'époque d'Agostinelli, il fait allusion dans ses lettres à un «grand chagrin moral» qui, affirme-t-il, finira par le tuer après avoir empoisonné toutes les minutes de son existence. À son banquier exaspéré, il avoue avoir dépensé environ 40 000 dollars pour le bénéfice de la jeune personne. Quand l'homme d'affaires lui suggère de mettre à l'abri le reste de sa fortune (dont il a déjà dilapidé le quart en mauvais investissements et folles dépenses) en plaçant son capital de telle sorte qu'il ne puisse y toucher, Proust lui laisse entendre que l'amour est une bien cruelle passion, «qui fait bon marché de la vie, *a fortiori* de la fortune».

Rochat quitte rarement l'appartement de Proust, où il a une chambre à lui et passe la majeure partie de la journée à peindre. Dans *La prisonnière*, le Narrateur fait justement allusion à cette occupation qui distraie Albertine: «Les peintures d'Albertine, touchantes distractions de la captive, m'émurent tant que je la félicitai.» Comme l'ont récemment découvert les chercheurs, l'ouvrage a en fait été rédigé après *La fugitive*, contrairement à ce que la chronologie des

volumes publiés laisse supposer. Proust a écrit *La fugitive*
après le départ et la mort d'Agostinelli, quand les moindres
détails de leur relation (et les tourments qu'elle lui avait
causés) étaient encore frais dans son esprit. Ce n'est qu'ultérieurement qu'il rédige *La prisonnière*, dont le personnage d'Albertine a pour principale source d'inspiration
Henri Rochat, et non Agostinelli. C'est en effet Rochat qui
passe tout son temps dans sa chambre, seul et royalement
indépendant, alors qu'Agostinelli vivait avec sa femme, et
n'a habité que très temporairement chez son employeur. Il
n'est donc pas surprenant que *La prisonnière*, esquissée dès
1916, double de taille au cours des deux années que Rochat
passe chez l'écrivain.

Proust y décrit avec tendresse et subtilité le bonheur
qu'il y a à « posséder » un être — « Car la possession de ce
qu'on aime est une joie plus grande encore que l'amour. »
Au sujet d'Albertine, le Narrateur explique :

> Et de même que des gens louent cent francs par jour une
> chambre à l'hôtel de Balbec pour respirer l'air de la mer, je
> trouvais tout naturel de dépenser plus que cela pour elle,
> puisque j'avais son souffle près de ma joue, dans ma bouche
> que j'entr'ouvrais sur la sienne, où contre ma langue passait
> sa vie.
>
> Mais ce plaisir de la voir dormir, et qui était aussi doux
> que la sentir vivre, un autre y mettait fin, et qui était celui de
> la voir s'éveiller. Il était, à un degré plus profond et plus
> mystérieux, le plaisir même qu'elle habitât chez moi.

Fait intéressant, ce n'est jamais que dans ces pages que le Narrateur se désigne sous le nom de « Marcel », et ce d'une façon très passagère. Quand Albertine se réveillait, fait-il remarquer :

> [...] elle disait : « Mon » ou « Mon chéri », suivis l'un ou l'autre de mon nom de baptême, ce qui, en donnant au narrateur le même prénom qu'à l'auteur de ce livre, eût fait : « Mon Marcel », « Mon chéri Marcel ».

Assez rapidement l'attitude supérieure de Rochat et son opportunisme flagrant irritent Proust, qui cherche alors à se débarrasser de lui. À Mme Straus, il confesse s'être « embarqué dans des choses sentimentales sans issue, sans joie, et créatrices perpétuellement de fatigue, de souffrances, de dépenses absurdes ». En 1919, ayant réussi à procurer au jeune homme un passeport et la possibilité d'une situation en Suisse, il l'accompagne lui-même à la gare tant il est content de le voir partir. Mais peu de temps après, Rochat est de retour à Paris et s'installe à nouveau chez Proust. Comme l'écrit ce dernier à un ami : « Il est venu me demander une hospitalité que je n'ai pas osé lui refuser mais qui *empoisonne* mon existence. » Seulement à la fin de 1921 parvient-il à convaincre son hôte d'aller s'établir à Buenos Aires où l'attend une place dans une banque, quoique personne ne trouvera jamais aucune trace de lui en Argentine. Quand il part, Rochat abandonne sa fiancée, tout comme

Morel, le séduisant et perfide violoniste de la *Recherche*, laisse derrière lui la nièce de Jupien, qu'il devait épouser. Proust n'épilogue pas sur le départ de cet exigeant « prisonnier », se contentant de déclarer avec satisfaction : « Enfin, Céleste, nous voilà bien tranquilles. »

En janvier 1920, il publie dans *La Nouvelle Revue Française* un essai littéraire qui comptera parmi les plus percutants qu'il ait signés, en réponse à un article qui critiquait le style de Flaubert. Reconnaissant d'entrée de jeu la faiblesse des métaphores flaubertiennes (« Je crois que la métaphore seule peut donner une sorte d'identité au style, et il n'y a peut-être pas dans tout Flaubert une seule belle métaphore. »), il loue son emploi innovateur des temps verbaux, et même la monotone succession des événements qu'il choisit de décrire à l'aide d'un vocabulaire sans relief. Peut-être voit-il en Flaubert son contraire, car assurément personne n'a créé de plus belles et « éternelles » métaphores que Proust. Dans *Le Temps retrouvé*, faisant écho à la théorie des correspondances de Baudelaire, il dit ceci au sujet de l'art de l'écrivain :

> On peut faire se succéder indéfiniment dans une description les objets qui figuraient dans le milieu décrit, la vérité ne commencera qu'au moment où l'écrivain prendra deux objets différents, posera leur rapport [...] ; même, ainsi que la vie, quand, en rapprochant une qualité commune à deux sensations, il dégagera leur essence commune en les réunissant

l'une et l'autre pour les soustraire aux contingences du temps, dans une métaphore.

Proust fait d'ailleurs ample usage des métaphores de ce type, par exemple lorsqu'il compare Albertine endormie à un fruit qui sous des dehors lisses et agréables cache de traîtres pensées, ou lorsqu'il voit les tables rondes du café de Rivebelle comme autant de planètes autour desquelles gravitent les serveurs, ou encore quand Swann, éperdument amoureux, assimile les premières notes de la « petite phrase » de Vinteuil, qui symbolise l'« air national » de son amour pour Odette, à l'arrivée d'une déesse qui aurait revêtu un déguisement sonore.

Au printemps de 1921, affaibli et de plus en plus souvent victime d'étourdissements, Proust fait l'une de ses dernières sorties pour aller voir un tableau de Vermeer, *Vue de Delft*, exposé au Jeu de Paume. Il s'en inspirera pour raconter la mort d'un personnage de la *Recherche*, Bergotte, qui s'effondre après avoir contemplé le « petit pan de mur jaune » qu'il n'avait encore jamais remarqué sur la célèbre toile. La veille de sa mort, Proust dictera d'ailleurs cette phrase : « Il y a dans le métier de Vermeer une patience chinoise. » Sentant que sa fin approche, il écrit à Francis Jammes : « Dans vos prières à saint Joseph, demandez-lui de me donner une mort plus douce que n'aura été ma vie. »

En mai 1921, quand *Sodome et Gomorrhe* sort en librairie, l'absence de scandale étonne son auteur (et le déçoit

presque !). Son style majestueux et sa compulsion philosophique à chercher des vérités générales dans les contextes
les plus inusités, et même les plus vulgaires, contribuent
sans doute à apaiser le sens moral des lecteurs. Bien entendu, en dehors de son cercle, personne ne soupçonne son
homosexualité. Le Narrateur est l'un des rares personnages
dont l'hétérosexualité ne fait aucun doute ; tôt ou tard, on
découvre que presque tous les autres éprouvent une atti-
rance pour le même sexe. Après la mort de Proust, plusieurs articles le féliciteront d'avoir eu le « courage »
d'explorer des facettes aussi répugnantes de l'expérience
humaine, voyant en lui une sorte d'entomologiste qui
aurait choisi pour objet d'étude les mœurs des invertis.

En revanche, certains dans son entourage n'apprécient
guère son portrait des homosexuels, et notamment Gide,
qui en 1911 a publié de façon anonyme une apologie de
l'homosexualité, *Corydon*, dont il assumera la paternité
lors de sa réédition en 1924. À deux reprises en mai 1921, il
rend visite à Proust pour discuter d'uranisme, et note dans
son journal : « Il dit n'avoir jamais aimé les femmes que
spirituellement et n'avoir jamais connu l'amour qu'avec les
hommes. » À l'occasion de leur second échange, quand
Gide lui reproche sa peinture peu flatteuse de l'homosexualité, Proust explique qu'après avoir utilisé pour ses
personnages féminins tous les souvenirs charmants et tendres de ses amours masculines, il ne lui restait plus pour

ses invertis que des détails grotesques. Peut-être essaie-t-il ainsi d'amadouer son interlocuteur indigné, car ailleurs il défend son point de vue : alors que dans l'Antiquité l'homosexualité passait pour naturelle, écrit-il, la réprobation dont elle est l'objet depuis le début de la chrétienté a été telle que ceux chez qui ces goûts ont survécu sont nécessairement des malades impuissants à s'en guérir.

Le comte de Montesquiou, qui a de bonnes raisons d'en vouloir à son ancien protégé de l'avoir dépeint sous les traits du baron de Charlus, prétend cependant ne voir dans ce personnage qu'une ressemblance au Vautrin de Balzac ainsi qu'au (très réel) baron Doasan. Mais en privé, il écrit à un ami qu'il est malade à cause de lectures qui l'ont « bouleversé ». À la fin de 1921, il meurt d'urémie, délaissé par ses parents et amis qui ne supportaient plus ses crises de rage et son comportement tyrannique. Si le Tout-Paris appréhende quelque peu la publication posthume de ses mémoires, l'ouvrage, loin de faire scandale, s'avère finalement aussi vaniteux qu'anodin. Même sa propre cousine, la comtesse Greffulhe, n'y trouve aucun intérêt : « Ce n'est pas ce qu'on attendait d'un mort », dira-t-elle.

En septembre 1922, malgré la détérioration de son état de santé, Proust rassemble suffisamment d'énergie pour aller, le 18, à l'Hôtel Riviera, où son ancien valet suédois, Forssgren, lui a donné rendez-vous. Il l'y attend, en vain, de onze heures du soir jusqu'à trois heures du matin. À sa mort quelque temps après, son frère Robert se demandera : « Quelle personne pouvait lui être si chère au point qu'il lui sacrifiât sciemment sa santé ? »

Atteint d'une pneumonie qu'il refuse de soigner, Proust souffre bientôt d'une bronchite puis d'un abcès au poumon. Cela fait un an qu'il parle de sa mort prochaine, et peut-être est-il fier d'avoir tenu jusqu'à l'âge de 51 ans, comme l'a fait son formidable prédécesseur, Balzac. Le matin du 18 novembre 1922, il aperçoit une grosse femme habillée de noir, qu'il est le seul à voir mais que Céleste promet malgré tout de chasser. Robert lui pose des ventouses (traitement courant à l'époque), mais sans résultat hormis le désagrément que cela cause au malade. Puis, entre cinq heures et six heures du soir, Proust s'éteint. Le lendemain, l'abbé Mugnier récite des prières au chevet du mort, le surréaliste américain Man Ray le photographie, deux peintres dessinent son portrait. Quatre jours plus tard, on l'enterre au Père-Lachaise, où il repose sous une dalle de marbre noir auprès des autres membres de sa famille. L'honorable professeur Proust, mort bien avant que son bon à rien de fils commence à publier son chef-d'œuvre, aurait certainement été surpris d'apprendre que, des deux noms, celui de Marcel est dorénavant le plus illustre.

Aussi singulière qu'ait pu être la vie de Proust, elle paraît sans éclat en regard de sa lumineuse contrepartie littéraire, et c'est d'ailleurs exactement ce qu'il souhaitait. Néanmoins, le caractère intime (mais pas nécessairement personnel) de son roman explique sa popularité grandissante à une époque où les mémoires connaissent tant de succès. Tandis que d'autres modernistes (Stein, Joyce, Pound) ont préféré donner la priorité à l'innovation formelle, Proust fait figure de cyclope littéraire : un géant dont l'œil unique, ce « Je » immense au centre de son être, appréhende et filtre le monde qui l'entoure. (Et cela reste vrai même si le Narrateur qui écrit au « Je » ne correspond qu'occasionnellement au véritable Marcel Proust.) Page après page il transcrit le fonctionnement d'un cerveau pensant : non la vie mouvante et insaisissable de la conscience d'une Molly Bloom ou d'un Stephen Dedalus — personnages hautement différenciés, ayant chacun leur vocabulaire et leurs préoccupations —, mais plutôt les cogitations orchestrées, disciplinées et constantes d'un esprit, d'une voix : les cogitations de l'intellect souverain.

Comparativement aux lecteurs d'autrefois, ceux d'aujourd'hui abordent sans doute Proust avec plus de facilité, car à mesure qu'il entre dans l'histoire et que le temps impose sa distance, nous voyons en lui davantage un fabuliste qu'un chroniqueur, davantage un faiseur de mythes que le chantre d'une Belle Époque à jamais révolue. Sous ce nouvel éclairage, il apparaît comme l'auteur inégalé de la symphonie du cœur humain. On ne juge plus ce qu'il rapporte à l'aune de la plate vérité des faits : ses histoires de luttes de caste, de duplicité et de jalousie prennent à nos yeux des allures de contes de fées. Proust est notre Schéhérazade.

Sa popularité tient également au fait qu'il décrit un monde fascinant, celui des nobles, des nantis et des artistes. Et qu'il traite de l'amour. Peu importe qu'il en soit venu à mépriser l'amour, qu'il l'ait disséqué et réduit à ses aspects les plus mesquins et les plus instinctifs, en d'autres termes, qu'il l'ait non seulement démystifié mais par surcroît déshumanisé, pour en faire une sorte de réflexe pavlovien. L'amour qu'éprouve Swann pour Odette n'est aucunement tributaire de ses charmes ou de ses qualités d'âme. En fait, Swann sait qu'inexorablement, le temps aura raison des charmes de celle qu'il aime, et que son âme n'a rien d'admirable. Comme il le reconnaît lui-même dans la dernière phrase d'« Un amour de Swann » : « Dire que j'ai gâché des années de ma vie, que j'ai voulu mourir, que j'ai eu mon plus grand amour, pour une femme qui ne me plaisait pas, qui n'était même pas mon genre ! » Les lecteurs que nous sommes apprécient ces fines analyses des méandres et des ruses de l'amour parce qu'à l'instar de Proust, nous avons conscience de la complexité de ce sentiment. Et nous avons conscience aussi de l'artificialité des frontières qui séparent le privé du public, l'intime du politique, l'instinctif du philosophique.

Nous continuons de lire Proust parce que, même s'il n'est pas tendre pour l'amour, force nous est d'admettre qu'il connaît le sujet à fond : refusant de s'en tenir à la surface des choses, il examine sa propre expérience sans la moindre complaisance. Nous le lisons parce qu'il nous fait accéder au monde des angoisses enfantines tout en nous montrant comment elles marquent les passions adultes. Parce que, malgré son intelligence, il n'a que mépris pour la raison raisonnante ; il sait que seule la connaissance douloureusement acquise à partir de nos expériences est réellement utile. Nous lisons Proust parce qu'il comprend que lorsque la passion est à son plus fort, déjà nous n'aimons plus l'être aimé ; l'objet de notre amour est éclipsé par le sentiment qu'il inspire : nous sommes amoureux de l'amour. Comme l'explique le Narrateur : « Et cette maladie qu'était l'amour de Swann avait tellement multiplié, il était si étroitement mêlé à toutes les habitudes de Swann, à tous ses actes, à sa pensée, à sa santé, à son sommeil, à sa vie, même à ce qu'il désirait pour après sa mort, il ne faisait tellement plus qu'un avec lui, qu'on n'aurait pas pu l'arracher de lui sans le détruire lui-même à peu près tout entier : comme on dit en chirurgie, son amour n'était plus opérable. »

Qu'importe si Proust nous dit que l'amour est une chimère, s'il l'assimile à la projection de nos plus riches fantasmes sur une personne qui nous reste toujours étrangère et mystérieuse, ces fantasmes ont un côté sublime qui nous donne un avant-goût du paradis — le paradis artificiel de l'art. Je doute qu'il se trouve beaucoup de lecteurs prêts à s'abstraire du cruel commerce de la vie pour se réfugier, comme Proust, dans l'art désincarné ; toutefois, ceux que touche sa perception aiguë de la fugacité de toutes choses sont légion. À petite échelle, les aléas d'amours individuelles, et à plus grande échelle, ceux de classes sociales entières — la révolution perpétuelle au cœur des sphères privée et publique — constituent sa matière première, et celle-ci est d'une troublante actualité. Proust a été le premier à décrire l'instabilité permanente de notre époque, et c'est ce qui fait de lui le premier écrivain contemporain du xxᵉ siècle.

BIBLIOGRAPHIE

ŒUVRES DE PROUST La meilleure édition d'*À la recherche du temps perdu* (et la plus abordable) est celle que publie Gallimard dans la collection Folio ; elle est en effet conforme à l'édition de la Pléiade réalisée entre 1987 et 1989 sous la direction de Jean-Yves Tadié, le plus éminent biographe de Proust. Chacun des huit volumes de l'édition de poche contient un texte de présentation, une courte bibliographie, une section consacrée aux notes ainsi qu'un résumé succinct du livre. Sont également disponibles chez Gallimard *Jean Santeuil* (coll. blanche), *Les plaisirs et les jours* (Folio), *Contre Sainte-Beuve* (Folio essais), et les *Essais et articles* (Folio essais).

Slatkine a publié en 1994 un recueil des pastiches de Proust, *L'affaire Lemoine*. Jean Milly s'est chargé de l'édition critique, qui comporte de nombreuses notes et fait état des variations entre les manuscrits. Il existe des

éditions plus accessibles de cet ouvrage, dont la toute première publiée par Gallimard et intitulée *Pastiches et mélan-
ges* (coll. L'Imaginaire).

À l'âge de 14 ans, Proust affirma qu'écrire des vers
comptait parmi ses occupations préférées; ses poèmes ne
seront pourtant colligés et publiés qu'en 1982 chez Gallimard (coll. Cahiers Marcel Proust, n° 10).

L'écrivain a signé deux traductions de Ruskin, *La Bible
d'Amiens* en 1904 et *Sésame et les lys* en 1906, fascinantes en
vertu de leurs copieuses notes du traducteur, qui font parfois concurrence à l'original. Une édition de bonne qualité
est disponible en format poche. J'ai tiré plusieurs idées sur
Proust et Ruskin de l'introduction d'Antoine Compagnon
à *Sésame et les lys*, publié aux Éditions Complexe en 1987.
Compagnon a également écrit la préface d'un ouvrage qui
réunit les essais de Proust sur Baudelaire, Flaubert et
Morand.

C'est à un universitaire américain, Philip Kolb, que l'on
doit l'édition de la volumineuse correspondance, 21 volumes dont la publication chez Plon s'est échelonnée de 1970
à 1993. Affilié au département de français de l'université de
l'Illinois, cet infatigable et brillant chercheur a daté, édité et
analysé les lettres de Proust à la demande de sa nièce; sans
son travail, une chronologie de la vie de Proust serait
virtuellement impossible. Il existe par ailleurs de nombreux recueils qui réunissent les échanges épistolaires de

l'écrivain, avec sa mère par exemple, mais aussi avec Madame Straus, Reynaldo Hahn, Lucien Daudet, Gaston Gallimard et Jacques Rivière, pour n'en nommer que quelques-uns. Je mentionnerai enfin l'ouvrage de Luc Fraisse intitulé *Proust au miroir de sa correspondance*, publié chez Sedes en 1996, et que j'ai particulièrement apprécié. Optant pour une organisation thématique («Proust et la médecine», «L'agnostique au seuil de la foi», etc.), Fraisse présente brièvement chaque sujet et cite les passages de la correspondance qui s'y rapportent.

BIOGRAPHIES   George D. Painter a écrit l'une des biographies les plus marquantes de ce siècle, *Marcel Proust: A Biography*, dont le premier tome a paru en 1959 et le second en 1964. La traduction française, signée Georges Cattaui et R.-P. Vial, a suivi en 1966 au Mercure de France; une nouvelle édition en un volume, corrigée et augmentée, a vu le jour en 1991 (coll. Ivoire). L'ouvrage regorge d'anecdotes amusantes, l'auteur ayant passé au peigne fin tous les mémoires de l'époque. Dans le cadre de ses recherches, curieusement, il n'a recueilli le témoignage d'aucune des nombreuses personnes qui avaient connu Proust, choisissant plutôt de s'en tenir aux documents écrits.

On pourrait lui reprocher la quasi-obsession avec laquelle il cherche à découvrir les «originaux» des personnages de Proust, ce qui donne lieu à de fastidieuses

digressions. De plus, son attitude à l'égard de l'homosexualité de l'écrivain paraît tour à tour mièvre et critique. Ainsi
apprend-on que ce dernier était « un inverti actif, et non
passif » (affirmation qui étonne, vu ses liaisons avec des
hétérosexuels tels Agostinelli et Rochat). À la fin du
chapitre 4, on apprend aussi qu'il n'a jamais pu oublier les
jeunes filles qu'il avait aimées adolescent : « Et lorsqu'il
émigra vers les Cités de la Plaine, il emmena avec lui un
prisonnier écrasé sous le poids du Temps et de l'Habitude,
un garçon hétérosexuel, étouffé mais inapaisé, qui conti-
nuait à pleurer une petite fille perdue. » À mon avis, étant
donné le caractère exclusivement homosexuel des expériences sexuelles de Proust, la seule petite fille qu'il a pu
pleurer se trouvait à l'intérieur de lui.

La meilleure biographie de Proust jamais écrite nous
vient de Jean-Yves Tadié ; elle a paru en 1996 chez Gallimard sous le titre *Marcel Proust*. En feuilletant ce texte qui
compte pas loin de mille pages, j'en ai tout d'abord sous-
estimé la valeur à cause de sa narration peu rythmée, son
sérieux et sa multitude de détails qui donnent par moments
l'impression de lire des notes de bas de page (Tadié a
d'ailleurs rédigé celles de l'édition de la Pléiade). Toutefois
une lecture plus attentive révèle que ce chef-d'œuvre non
seulement couvre de façon exhaustive les événements de la
vie de Proust mais fait pleinement accéder à son univers
intellectuel. De surcroît, Tadié n'entretient aucune précon-

ception quant à la psychologie de l'écrivain, et n'a pas pour ambition de départager le fictif du réel : retracer la genèse d'*À la recherche du temps perdu*, voilà ce qui l'intéresse en priorité, et il le fait avec minutie. Il traite de la sexualité de Proust sans parti pris freudien, aborde son snobisme sans condescendance, et reconstruit l'évolution de sa vie intérieure et artistique en se fondant non pas sur ses lettres (qui sont étonnamment impersonnelles) mais sur une connaissance approfondie de ses lectures et des préoccupations de ceux qu'il fréquentait. Au demeurant, Tadié a examiné plus soigneusement que quiconque les manuscrits de l'œuvre romanesque de Proust. Je ne suis pas du tout sûr qu'il serait en accord avec le parti pris homosexuel que j'ai moi-même choisi d'adopter, mais je tiens à signaler que mon petit livre lui doit beaucoup.

Publié en 1990, le *Proust* de Ronald Hayman bénéficie du travail de Kolb, ce qui rend l'ouvrage plus exact et plus complet que la biographie de Painter, quoique le style en soit plus terne. En France, chaque année voit paraître une nouvelle biographie de Proust ; parmi les plus récentes, j'ai consulté *L'impossible Marcel Proust* de Roger Duchêne (Laffont, 1994) et le prétentieux *Proust* de Ghislain de Diesbach (Perrin, 1991).

MONOGRAPHIES Le livre de J. E. Rivers, *Proust and the Art of Love* (Columbia, 1980), m'a été d'une aide inestimable dans les passages où il est question d'Agostinelli, de Plantevignes, et plus généralement de la sexualité de Proust. La rubrique consacrée à Proust dans le *Dictionnaire Gay* de Lionel Povert m'a fourni quelques informations précieuses ; j'ai aussi trouvé dans les lettres de Walter Benjamin de pénétrantes remarques à son sujet.

On ne compte plus les mémoires écrits par des gens qui ont connu Proust. Parmi ces ouvrages, la palme du plus frivole revient à *La duchesse de Guermantes* (Plon, 1950), dans lequel la princesse Marthe Bibesco s'évertue à prouver que la duchesse a pour modèle la comtesse de Chévigné et non la comtesse Greffulhe, alors qu'en réalité le personnage emprunte à ces deux femmes ainsi qu'à Mme Straus.

Le livre de Benoist-Méchin, *Avec Marcel Proust*, ne m'a pas davantage impressionné, mais j'ai par contre fort apprécié celui de Jacques-Émile Blanche, *Mes modèles*, qui contient un magnifique chapitre sur l'écrivain. Ferdinand Bac, pour sa part, lui a consacré des pages franchement ridicules dans le deuxième tome de ses mémoires publiés en 1935, *Intimités de la IIIe République. La fin des « temps délicieux »*, où il compare défavorablement Proust au comte Greffulhe ; ainsi, à l'occasion de leur rencontre, Proust aurait eu le regard d'un cobra en train de charmer un coq, mais sans jamais faire perdre à Greffulhe sa noble impassibilité : « Proust n'avait fait que grignoter des miettes de cette importante façade [...]. »

J'ai lu avec un vif plaisir *Trente ans de dîners en ville* de Gabriel Louis Pringué, qui date de 1948 et rapporte nombre des traits d'esprit qui circulaient dans le monde ; dans bien des cas, la version qu'il en donne surpasse celle de Proust (Gertrude Stein n'a donc pas tort quand elle dit que la littérature n'est pas faite d'anecdotes).

Painter fournit une bibliographie complète des mémoires portant sur Proust. Le témoignage le plus touchant est certainement celui de sa femme de chambre, Céleste Albaret, qui a vécu à ses côtés jour et nuit pendant huit ans. *Monsieur Proust* nous livre le portrait intime de cet être à la fois généreux et égoïste, ce faible qui savait aussi être volontaire, ce snob rempli de compassion pour son prochain.

Parmi la centaine d'ouvrages critiques disponibles, j'ai une dette particulière envers celui de Gilles Deleuze, intitulé *Proust et les signes*, dont je me suis amplement servi dans le cadre d'un cours donné à Columbia en 1981. Howard Moss, un vieil ami à moi qui est le directeur de la section poésie du *New Yorker*, propose dans *The Magic Lantern of Marcel Proust* (1963) une appréciation personnelle telle qu'on n'en voit malheureusement plus de nos jours ; c'est le tout premier livre sur Proust que j'ai eu entre les mains.

Tous les grands esprits se sont penchés sur l'œuvre de Proust. Elle a inspiré une brève étude à Samuel Beckett ainsi qu'à Walter Benjamin. Dans « Le temps, la distance et la forme chez Proust », José Ortega y Gasset affirme que l'écrivain est l'inventeur d'une nouvelle proximité entre nous et les choses, de sorte que « toute la production littéraire antérieure prend l'aspect d'une littérature à vol d'oiseau, grossièrement panoramique, si on la compare à ce génie délicieusement myope ». Pietro Citati lui a consacré un livre, *La colombe poignardée*. En France, de Gérard Genette à Michel Leiris, de Julia Kristeva à Roland Barthes, pas un intellectuel n'a pu le contourner. Dans un bref article publié dans un numéro spécial du *Magazine Littéraire*, Barthes avance que Proust est devenu un grand écrivain en 1909, quand il a fait quatre découvertes : une façon particulière de narrer à la première personne, qui maintient une ambiguïté dans l'identité du « Je » (auteur, narrateur ou héros) ; la « vérité » poétique des noms de ses personnages, choisis après des années d'hésitation ; l'intérêt à « voir grand », qui lui a fait augmenter considérablement les proportions de son roman ; et enfin, l'importance de la « structure romanesque », révélation qui lui vient de Balzac et de ce que Proust appelait son « admirable invention d'avoir gardé les mêmes personnages dans tous ses romans ».

Bien d'autres livres, plus légers, m'ont paru intéressants, dont celui d'Alain de Botton, *Comment Proust peut changer votre vie* (traduit de l'anglais par Maryse Leynaud, Denoël 1997). L'auteur, mi-sérieux, propose l'application pratique des principes philosophiques et moraux de Proust dans la vie de tous les jours, qu'il s'agisse de surmonter des difficultés sentimentales ou des incertitudes professionnelles. Un livre de photos paru récemment, *Les promenades de Marcel Proust*, m'a permis de visualiser les lieux auxquels Proust songeait en écrivant, tout comme l'ont fait *Le Paris littéraire et intime* de *Marcel Proust* de Henri Raczymov, *Le Paris de Marcel Proust* de Ottaviani et Poulain, et enfin *Le Grand Livre de Proust* publié par Les Belles Lettres, qui contient des photographies et des extraits de mémoires de l'époque.

TABLE DES MATIÈRES

Transcontinental
IMPRESSION
IMPRIMERIE GAGNÉ